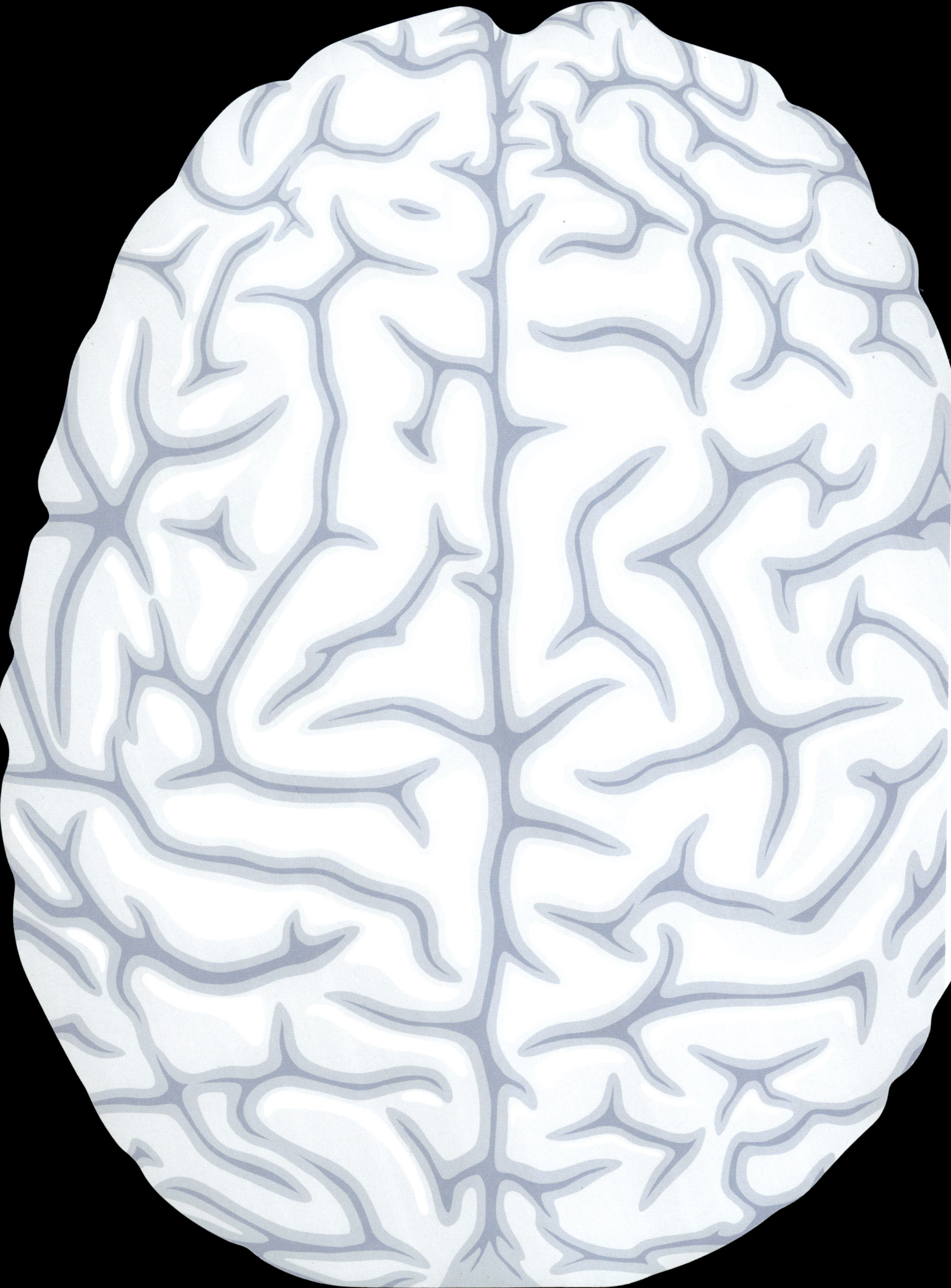

JACK GUICHARD

DÉFIEZ *votre* CERVEAU !

LAROUSSE

L'AUTEUR

Jack Guichard a été chercheur scientifique dans le domaine de la neurophysiologie, avant de s'intéresser à la communication et l'éducation scientifique. Professeur des Universités, chercheur à l'École normale supérieure de Cachan, il a dirigé de nombreux travaux sur la vulgarisation des sciences. Il a fait partie de l'équipe qui a créé la cité des Sciences et de l'Industrie, où il était responsable scientifique des expositions pour le jeune public. En tant que directeur général du palais de la Découverte, il a lancé la rénovation de ce lieu mythique. Spécialiste de vulgarisation scientifique, il a publié de nombreux ouvrages pour prendre plaisir à la découverte des sciences.

AVANT-PROPOS

Pour agir, notre cerveau mobilise l'attention pour sélectionner les informations pertinentes ; la mémoire de travail pour les manipuler en temps réel ; la mémoire à long terme pour les enregistrer, puis les retrouver au moment opportun. Toutes ces informations, et surtout leurs interactions, nourrissent nos différentes formes d'intelligence, et les émotions y jouent un rôle fondamental.

Pourquoi parle-t-on de cerveau droit et de cerveau gauche ? Comment notre cerveau interprète-t-il les illusions d'optique ? Pourquoi a-t-on moins de goût quand on a le nez bouché ? Comment nager, faire du vélo ou tout simplement marcher deviennent-ils des automatismes ? Peut-on entraîner sa mémoire ? Quels sont les différents types d'intelligence ? Pourquoi les émotions jouent-elles un rôle fondamental ?

Ce livre donne des réponses à ces questions – et encore plein d'autres –, grâce à des jeux ou des tests que vous pouvez faire seul ou avec vos amis. Chaque exercice ludique est suivi d'une explication scientifique qui vous permet de comprendre le fonctionnement du cerveau.

Vos neurones sont-ils stimulés ? Allez donc à la découverte de l'organe le plus mystérieux du corps humain !

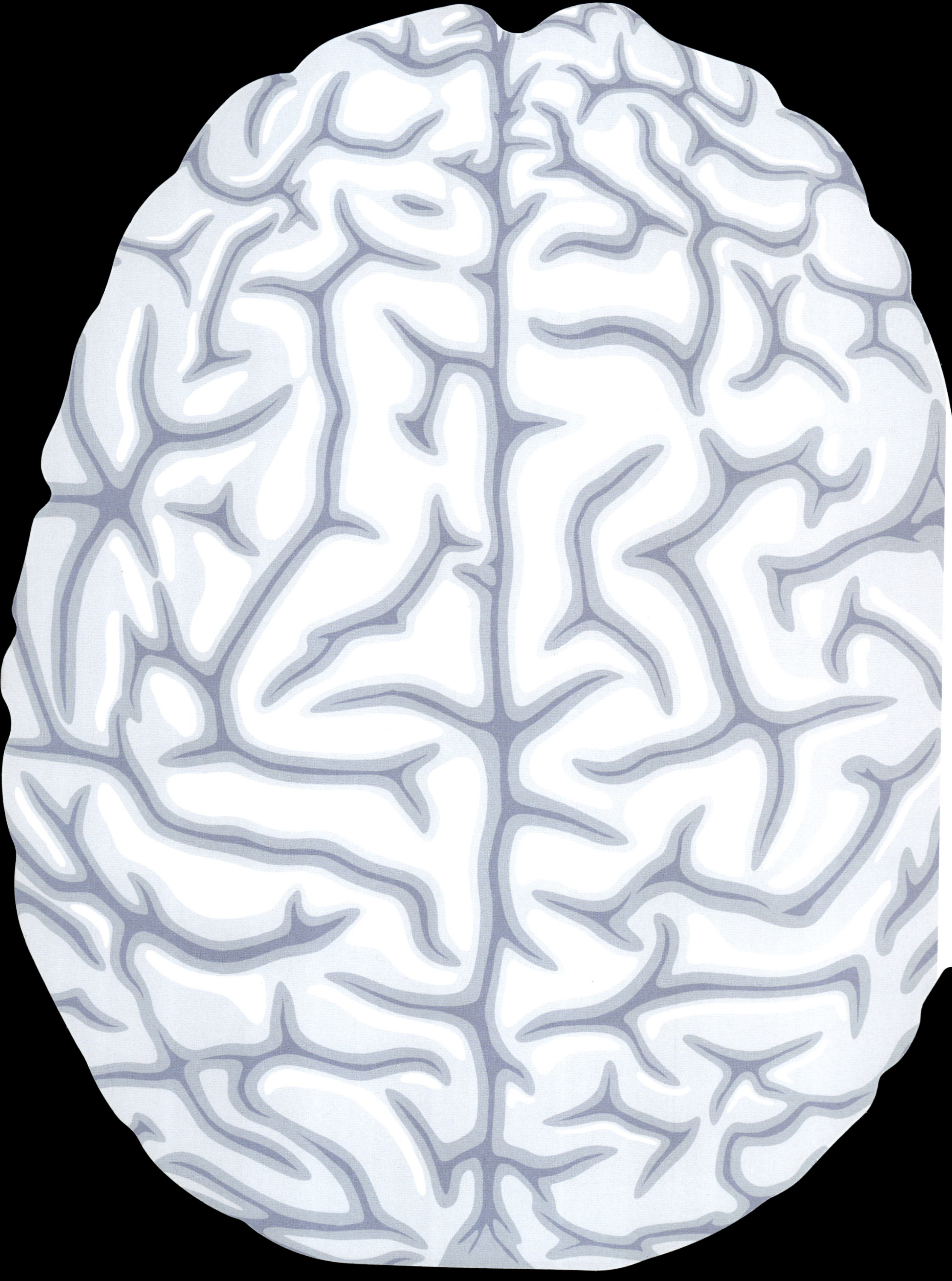

SOMMAIRE

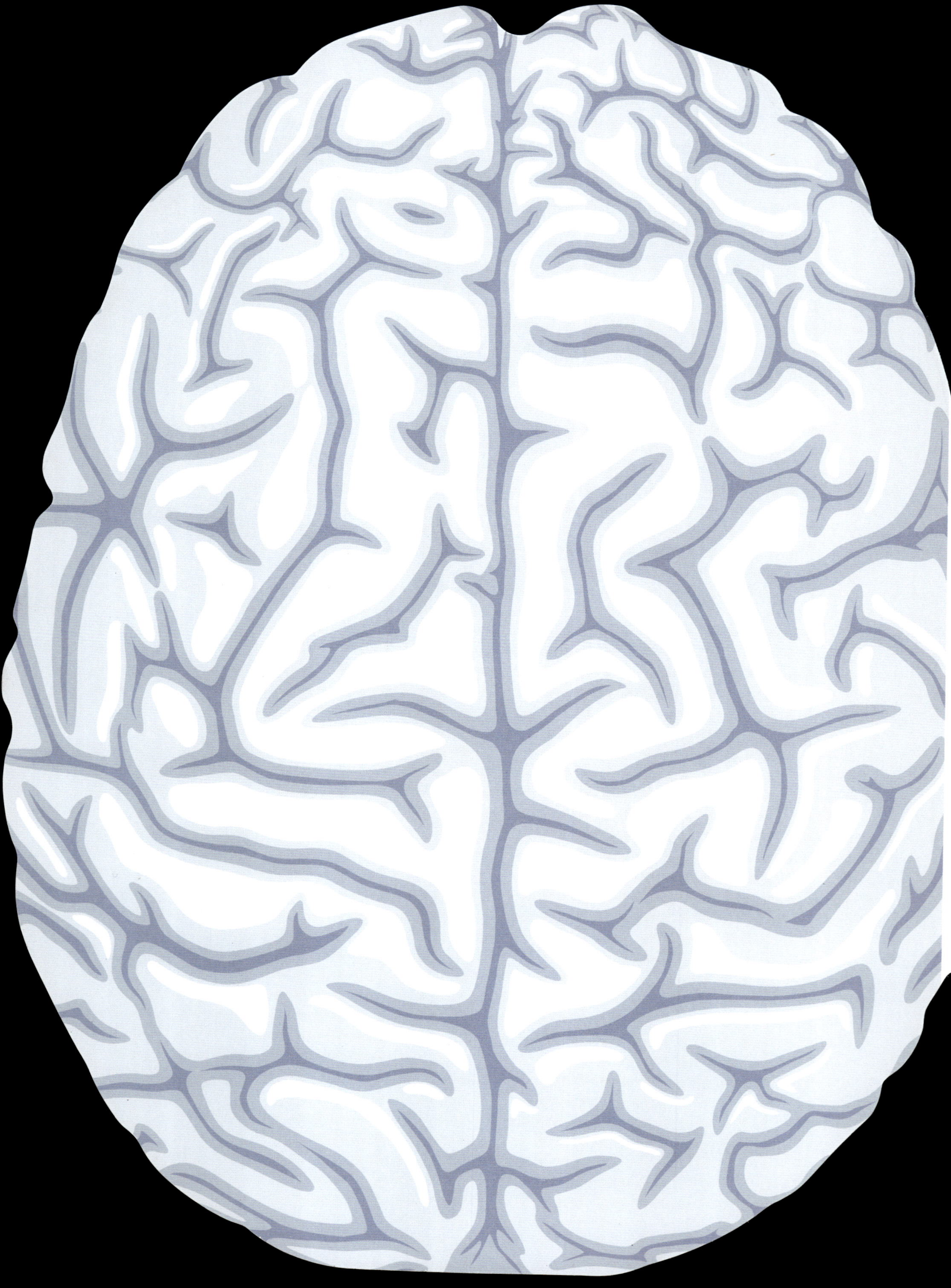

UN CERVEAU AVEC DEUX HÉMISPHÈRES :

LE CERVEAU DROIT ET LE CERVEAU GAUCHE

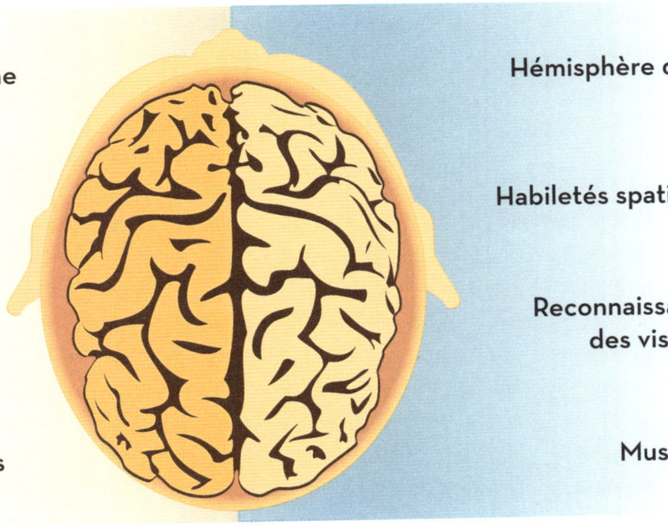

Le cerveau se divise en deux hémisphères : l'hémisphère droit et l'hémisphère gauche. Le gauche commande le côté droit du corps, le droit commande le côté gauche du corps.

Les fonctions cérébrales sont réparties de façon différente dans les deux hémisphères. Cette latéralisation rentabilise l'espace disponible dans le cerveau en évitant de doublonner toutes les fonctions.

Chez chacun de nous, les deux hémisphères partagent et traitent une même information en apportant chacun une analyse particulière : l'hémisphère gauche contrôle davantage le calcul, la logique et – chez la majorité des gens – le langage, tandis que l'hémisphère droit privilégie la représentation de l'espace, le sens artistique et la musique, ainsi que la créativité.

Mais tout le monde utilise effectivement les deux hémisphères du cerveau. Toutes les fonctions complexes mobilisent les deux. Par exemple, pour écrire un texte, votre cerveau droit en élabore le contenu, tandis que votre cerveau gauche l'exprime par le langage.

DROITIER OU GAUCHER ?

TEST ÊTES-VOUS UN VRAI DROITIER (OU UN GAUCHER) ?

1. Posez une main sur votre tête. Laquelle est-ce ?
2. Croisez les bras. Lequel est au-dessus de l'autre ?
3. Comptez jusqu'à 4 sur vos doigts. Avec ceux de quelle main comptez-vous ?
4. Avec quelle main distribuez-vous les cartes d'un jeu ?
5. Quand vous cessez d'applaudir, quelle main se retrouve au-dessus de l'autre ?
6. Avec quelle main écrivez-vous spontanément ?

RÉPONSE

L'hémisphère droit de votre cerveau contrôle le côté gauche de votre corps et l'hémisphère gauche en contrôle le côté droit. Si vous êtes droitier, votre hémisphère gauche est dominant quand la motricité est concernée, et inversement pour les gauchers.

Dans les 6 situations proposées, votre réponse implique-t-elle le même bras ? Si tel est le cas, selon le bras utilisé dans l'exercice, vous êtes un vrai droitier ou un vrai gaucher. Sinon peut-être êtes-vous un gaucher contrarié.

Pour l'exécution de mouvements, à côté de la zone motrice qui commande chaque muscle, une aire psychomotrice coordonne les ordres de contraction de chaque muscle en les orientant vers un but précis. Ces zones existent de chaque côté du cerveau, mais l'une des deux est prédominante sur l'autre : la gauche chez les droitiers et la droite chez les gauchers. Cette dissymétrie assure une meilleure coordination des mouvements symétriques.

Cette dissymétrie influe d'ailleurs sur la localisation des centres du langage, situés en général dans l'hémisphère gauche chez les droitiers, et répartis des deux côtés chez 70 % des gauchers et à droite chez 15 % d'entre eux.

TEST QUEL EST VOTRE PIED DOMINANT ?

1. Quel pied levez-vous d'abord pour monter un escalier ?
2. Avec quel pied tapez-vous plus spontanément dans un ballon ?
3. Si l'on vous pousse, quel pied avancez-vous spontanément pour ne pas tomber en avant ?

RÉPONSE

En général, c'est le même pied que vous utilisez dans ces différentes situations. On le considère comme votre pied directeur, celui que vous privilégiez pour prendre appui et marcher. Comme le sont les bras, chaque pied est commandé par le côté opposé du cerveau.

La dominance est en général la même que pour la main, sauf pour les gauchers contrariés. Mais pour certaines personnes, il faut distinguer la fonction d'appui (exercices 1 et 2), qui privilégie l'un des pieds, et la fonction de marche (exercice 3), qui privilégie l'autre pied : en général, un gaucher shootera de son pied gauche et se tiendra en équilibre sur le droit, tandis que ce sera l'inverse chez un droitier.

LES DEUX HÉMISPHÈRES CÉRÉBRAUX SONT SPÉCIALISÉS

JEU DES MOTS EN COULEUR

Combien de temps mettez-vous pour dire le plus rapidement possible les couleurs des mots de cette grille ligne par ligne ? Essayez ensuite de lire rapidement ces mots... Comparez ce temps de lecture avec le précédent. Comparez votre score avec celui de vos amis...

JAUNE BLEU ORANGE
NOIR ROUGE VERT
MARRON JAUNE ROUGE
ORANGE VERT NOIR
BLEU ROUGE MARRON
VERT BLEU ORANGE

RÉPONSE

Dans ce test, on assiste à un conflit entre le cerveau droit et le cerveau gauche. L'hémisphère droit du cerveau cherche à dire les couleurs, alors que l'hémisphère gauche, avec son centre du langage, insiste pour lire les mots. Alors, selon vous, lequel des deux domine lors de cette activité, le cerveau droit ou le gauche ?

JEU ON PARLE AVEC SES MAINS

Observez les mains d'une personne qui vous parle : utilise-t-elle surtout la droite, la gauche ou les deux ?

RÉPONSE

Si la personne utilise sa main gauche, donc commandée par l'hémisphère droit, c'est probablement quelqu'un d'affectif et d'intuitif. Si c'est sa main droite, donc commandée par l'hémisphère gauche, c'est probablement quelqu'un de rationnel. Si la personne utilise en même temps ses deux mains, elle est pédagogue et exploite de façon équilibrée les deux hémisphères de son cerveau. C'est aussi le cas si elle les utilise alternativement, et d'après les psychologues, cela révélerait une ouverture d'esprit et une grande souplesse intellectuelle.

LE CERVEAU DROIT PRIVILÉGIE LA REPRÉSENTATION DE L'ESPACE ET LA CRÉATIVITÉ

JEU DU BANC DE POISSONS

Combien de temps mettez-vous pour repérer la tête du chat parmi les poissons ?

RÉPONSE

Si vous voyez ce chat immédiatement, l'hémisphère droit de votre cerveau est très performant, réalisant une excellente visualisation de l'espace et faisant preuve de créativité. Si vous la trouvez en une minute, c'est donc que vos deux hémisphères collaborent bien. Si vous n'arrivez pas à distinguer cette tête de chat, c'est parce que votre hémisphère gauche est vraiment surpuissant, sa rationalité vous empêchant d'imaginer un chat en plein milieu d'un banc de poissons.

LE CERVEAU GAUCHE PRIVILÉGIE LA LOGIQUE MATHÉMATIQUE

TEST DES TRIANGLES

Complétez avec le chiffre manquant :

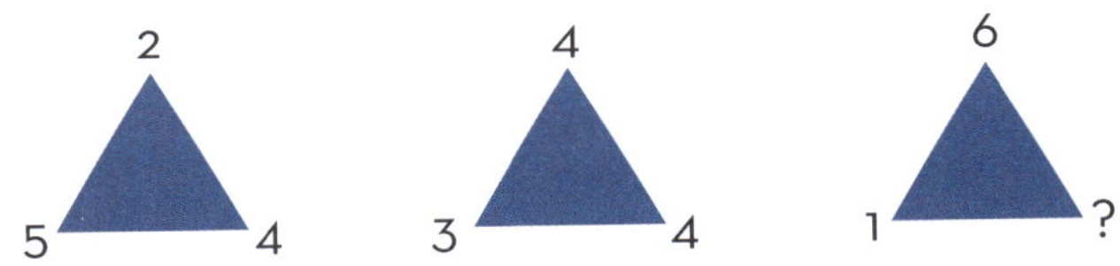

RÉPONSE

La somme des 3 chiffres aux sommets de chaque triangle est 11. Le chiffre manquant du dernier triangle est donc 4.

Si vous avez trouvé en moins de 30 secondes, votre hémisphère gauche est très performant grâce à sa logique mathématique implacable. Si vous êtes obligé de lire la solution pour trouver, vous êtes sans doute plutôt créatif et artiste !

LES DEUX HÉMISPHÈRES CÉRÉBRAUX SONT SPÉCIALISÉS

TEST DES LETTRES IMBRIQUÉES

Quelle lettre distinguez-vous au premier regard ?

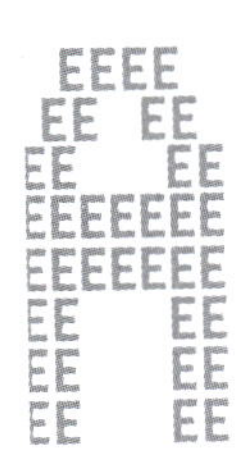

RÉPONSE

Si vous percevez d'abord les petits E, l'hémisphère gauche de votre cerveau est activé par son centre du langage, qui se concentre sur les petites lettres.

Si vous percevez d'abord la grande lettre A, l'hémisphère droit de votre cerveau est activé le premier, vous donnant une vision spatiale globale.

Chacun des hémisphères est spécialisé. Le cerveau gauche est celui du rationnel, de la logique et du langage, alors que le cerveau droit est celui de la créativité, du repérage spatial et de l'affectif.

Mais les deux hémisphères collaborent en échangeant en permanence des informations dans une zone de transit située au milieu du cerveau : le corps calleux. Le langage utilise à la fois les zones de l'hémisphère gauche, pour la production de mots et la grammaire, et celles de droite, pour l'intonation et la vision globale du texte.

ON A BESOIN DE NOS DEUX CERVEAUX

TEST ÊTES-VOUS PLUTÔT CERVEAU DROIT OU CERVEAU GAUCHE ?

Pour chaque situation, complétez la proposition par la lettre correspondant à votre réponse.

1. Le décor de votre appartement est...

A. fonctionnel

B. original

2. On vous demande un document...

C. Vous le cherchez parmi les piles entassées sur votre bureau.

D. Vous le cherchez dans le dossier où vous vous souvenez l'avoir rangé.

3. À l'occasion de vacances...

B. Vous cherchez toujours de nouvelles destinations pour partir à l'aventure.

D. Vous retournez à un endroit que vous connaissez et que vous aimez bien.

4. Vous allez prendre le train...

B. Vous êtes obligé de courir pour arriver à l'heure.

D. Vous partez en avance pour être certain de ne pas le rater.

5. Pour prendre une décision…

A. Vous réfléchissez et évitez de vous fier à votre intuition.

C. Vous suivez votre intuition…

6. Pour vous détendre, vous préférez…

B. Écouter de la musique

D. Lire un livre ou faire des jeux

7. Avant de faire une grosse dépense…

A. Vous vérifiez vos comptes, comme vous le faites régulièrement.

C. Vous n'hésitez pas, car vous n'avez pas de temps à perdre.

8. Vous êtes chez des amis, et la conversation vous ennuie…

B. Vous rêvassez.

D. Vous réfléchissez déjà à votre programme du lendemain.

9. En matière de vêtements…

A. Vous préférez le style classique.

B. Vous adorez les tenues modernes ou extravagantes.

10. Vous rencontrez un ami que vous n'avez pas vu depuis longtemps…

C. Vous vous souvenez que vous avez pensé à lui récemment.

D. Vous êtes surpris et cherchez à savoir ce qu'il est devenu.

……….. RÉSULTATS ………..

Dans vos réponses, comptez le nombre de A + D et le nombre de B + C !

De 7 à 10 réponses A + D : bien que vos deux hémisphères cérébraux fonctionnent de concert, votre personnalité privilégie les apports de l'hémisphère gauche. Vous êtes logique, méthodique et réfléchi, vous gérez bien l'abstraction, vous calculez les risques avant de prendre une décision, vous avez le sens de l'organisation et n'aimez pas l'imprévu.

De 7 à 10 réponses B + C : bien que vos deux hémisphères cérébraux fonctionnent ensemble, votre personnalité privilégie les apports de l'hémisphère droit. Vous êtes original et inventif, sensible et rêveur, vous avez beaucoup d'intuition et vous la cultivez. Vous reconnaissez facilement les visages, vous savez gérer les non-dits et la complexité, vous vous repérez bien dans le temps, vous avez des goûts artistiques et aimez partir à l'aventure.

Moins de 7 réponses A + D et moins de 7 réponses B + C : vous êtes équilibré entre les analyses réalisées par votre hémisphère droit et celles effectuées par le gauche. Vous réussissez à faire communiquer en permanence et de façon équilibrée les deux hémisphères de votre cerveau. Ils se réfèrent aux situations vécues pour chercher à innover. L'équilibre entre les deux hémisphères permet de lire devant la télévision ou d'écrire en écoutant de la musique !

Dans tous les cas, les deux hémisphères de votre cerveau travaillent toujours ensemble pour analyser le monde qui vous entoure et orienter vos décisions.

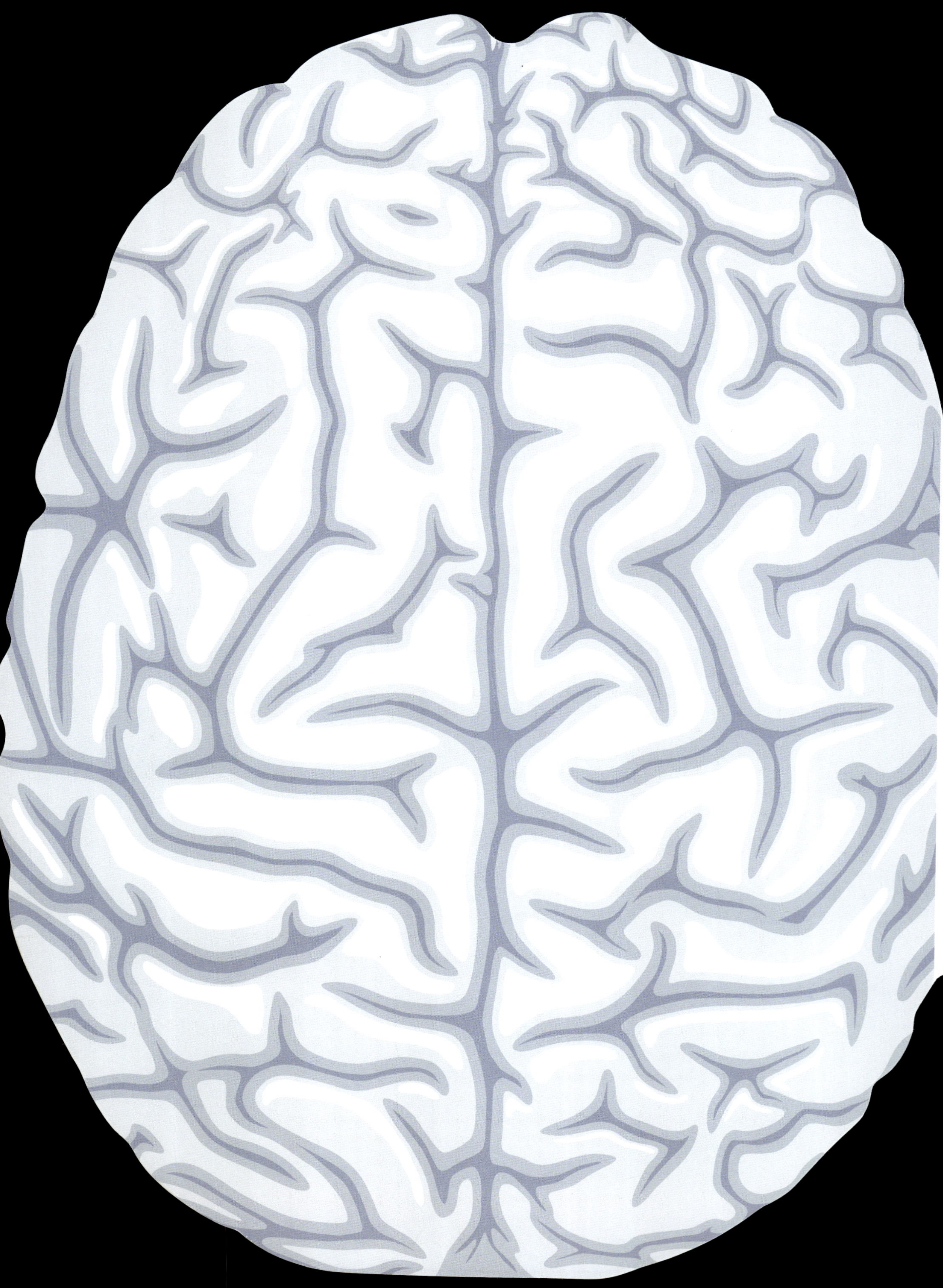

LA PERCEPTION
VISUELLE

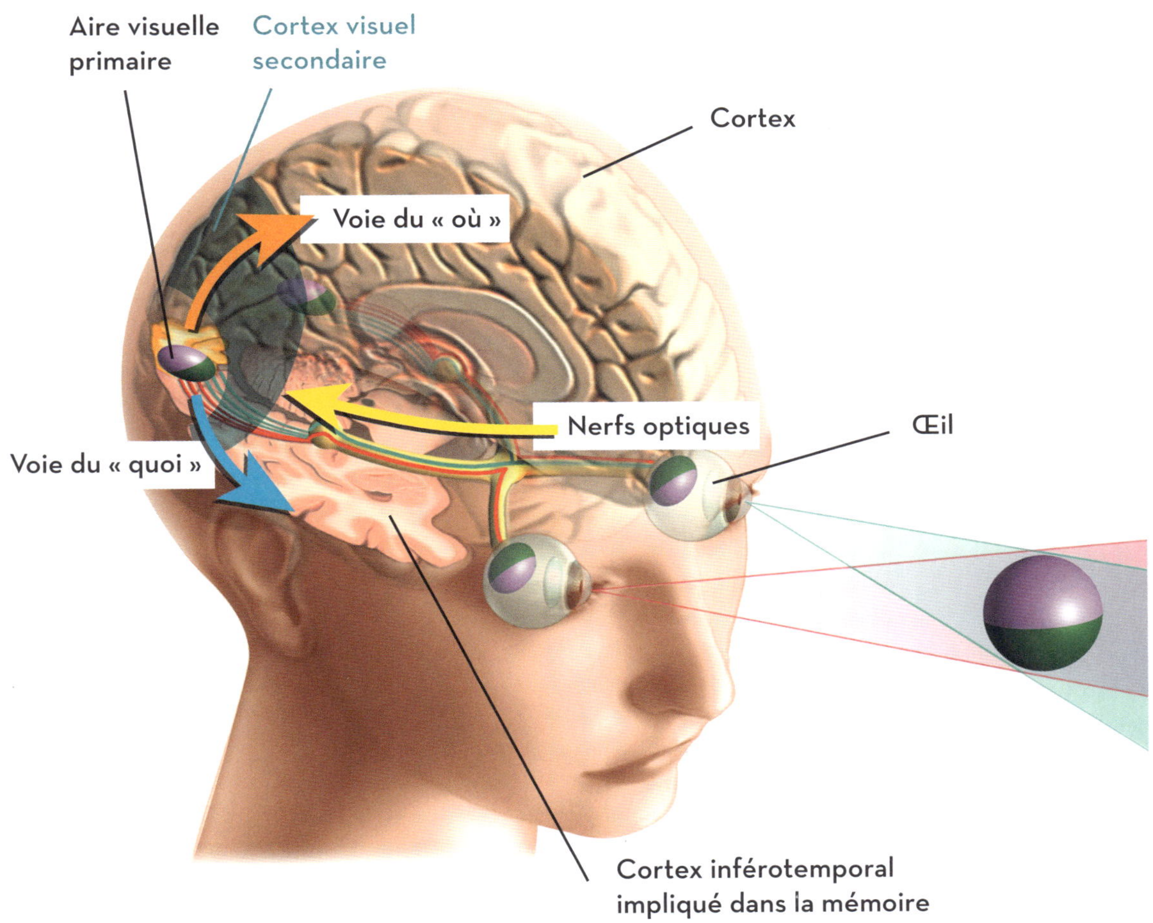

Comme une caméra, nos yeux captent point par point l'image de notre environnement. Ces informations visuelles sont transmises par les nerfs optiques jusque dans la partie postérieure du cerveau, dans les aires visuelles primaires, dans l'hémisphère droit pour l'œil gauche et dans l'hémisphère gauche pour l'œil droit.

Ces informations sont analysées dans la partie supérieure des aires visuelles secondaires pour la localisation et dans la partie inférieure du cortex visuel pour leur interprétation en liaison avec la mémoire dans le cortex inférotemporal. Elles sont ensuite transmises au cortex frontal, qui réagit s'il y a une décision à prendre.

LE CERVEAU ASSOCIE LES INFORMATIONS REÇUES DES DEUX YEUX POUR UNE MÊME PERCEPTION

JEU LA MAIN TROUÉE…

Réalisez un tube de quelques centimètres de diamètre avec une feuille de papier. Utilisez ce tube comme une longue-vue en le plaçant devant votre œil droit. Conservez les deux yeux grands ouverts, puis approchez la main gauche tout près du tube, la paume face à votre visage. Au bout de quelques instants, qu'observez-vous ?

RÉPONSE

Un trou apparaît dans votre main ! Votre œil droit ne voit que l'image d'un disque du mur qui est en face de vous. Votre œil gauche, lui, voit surtout votre main. Le cerveau rassemble et superpose ces deux images, créant donc celle d'un trou dans votre main.

LE CERVEAU COMPENSE LES INFORMATIONS MANQUANTES POUR FOURNIR UNE IMAGE COHÉRENTE

JEU LE POINT AVEUGLE

Tenez le livre devant vous à bout de bras, fermez l'œil droit et regardez fixement la croix. Vous voyez le disque rouge. Maintenant, approchez lentement le livre de votre visage. Que se passe-t-il ?

RÉPONSE

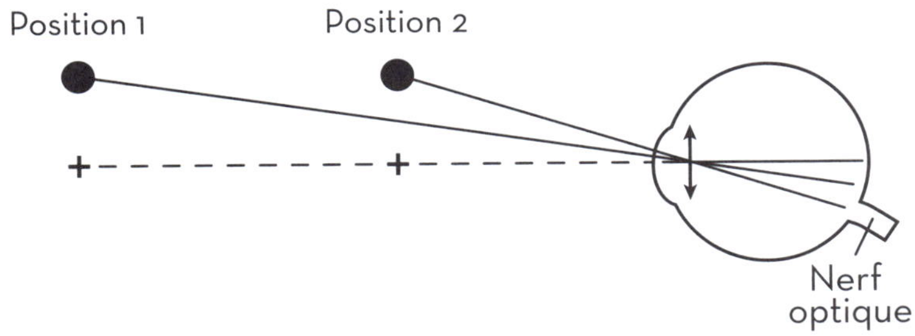

Lorsque le livre arrive à une trentaine de centimètres de votre œil, le disque rouge disparaît !

Lorsque vous observez le livre de loin (position 1), les rayons lumineux qui émanent du disque rouge arrivent sur la rétine, et vous percevez le disque. Lorsque vous rapprochez la feuille de papier (position 2), les rayons lumineux provenant du disque rouge arrivent au point de départ du nerf optique, qui conduit les informations au cerveau, là où il n'y a pas de capteurs visuels, le disque rouge n'est donc plus perçu.

Contrairement à l'expérience réalisée ici, lorsque nous observons un visage ou un paysage, notre regard ne fixe pas seulement un point, il parcourt toute l'image. Les zones d'interprétation visuelle du cerveau échangent leurs informations et compensent l'absence d'information en ce point.

LE CERVEAU SUPERPOSE LES INFORMATIONS REÇUES PAR LES DEUX YEUX POUR OBSERVER

ILLUSION DU PONT COUPÉ

Approchez lentement ce dessin de vos yeux. Que voyez-vous ?

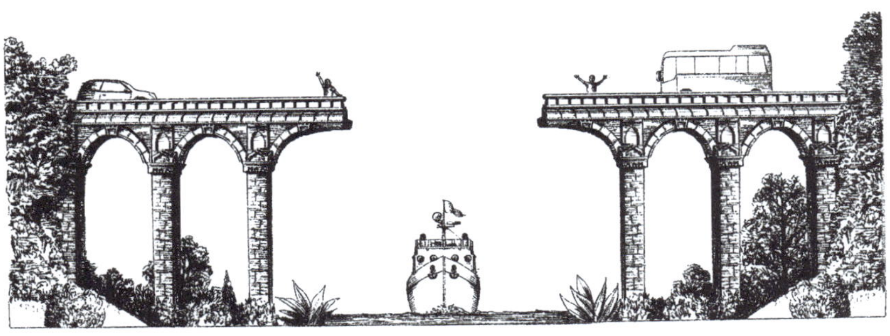

RÉPONSE

Les deux parties du pont se rejoignent peu à peu ! En approchant le dessin de vous, vous contraignez vos yeux à loucher, et lorsque la distance entre les yeux et l'image est trop faible, chaque côté du cortex visuel enregistre l'image d'un côté du pont, et le cerveau rapproche inconsciemment les deux images pour n'en faire qu'une, raccordant les deux côtés du pont.

LE CERVEAU COMPARE LES INFORMATIONS REÇUES PAR LES DEUX YEUX POUR APPRÉCIER LES DISTANCES

JEU LA PETITE CUILLÈRE DANS LE GOULOT D'UNE BOUTEILLE

Essayez de faire tomber le manche d'une petite cuillère dans le goulot d'une bouteille posée à 50 cm devant vous, avec un œil fermé et en ne bougeant qu'un bras.

EXPLICATION

Vous n'y arriverez pas du premier coup. Par contre, avec les deux yeux ouverts, vous réussirez dès le premier essai.

Essayez de faire tomber un sucre dans une tasse posée sur le sol à 50 cm devant vous, en gardant un œil fermé. Difficile de réussir du premier coup.

Le cerveau a besoin de comparer les images des deux yeux pour estimer les distances.

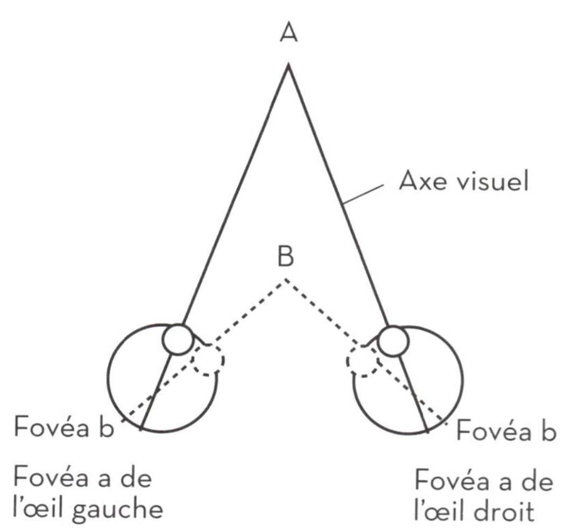

En fonction de la distance (position A ou B) à laquelle il se trouve, un objet n'est pas vu sous le même angle par les deux yeux. Le cerveau compare les images venant de chaque œil. Comme on le voit sur le schéma, selon la distance qui nous sépare de l'objet, les yeux doivent plus ou moins converger pour le maintenir dans leur axe de vision. Le cerveau intègre ces données au niveau du cortex strié pour estimer les distances. Il analyse la différence d'angle de vision, ce qui permet une vision en relief. En fermant un œil, on ne peut plus apprécier la distance des objets.

LE CERVEAU SUPERPOSE LES INFORMATIONS REÇUES PAR LES DEUX YEUX POUR VOIR EN RELIEF

ILLUSION LE CUBE DE NECKER

Que voyez-vous ? Un cube, oui, mais où est le fond du cube ?

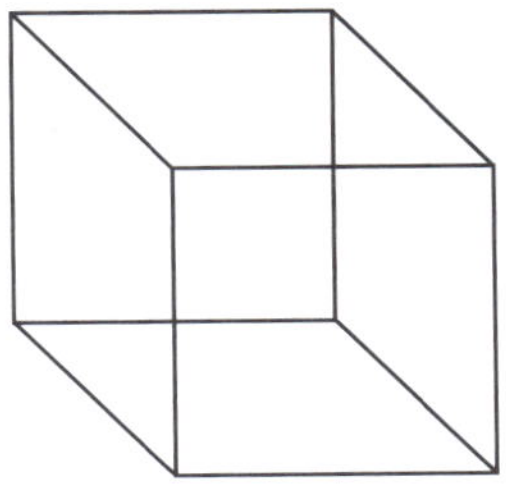

RÉPONSE

Tout le monde ne perçoit pas la même chose, et, d'ailleurs, l'impression peut varier selon le moment. On peut penser que le fond est alternativement l'une des faces ou une autre. Devant cette image ambiguë, appelée le cube de Necker, le lobe temporal du cerveau doit prendre une décision. Dans ce cube, là où deux lignes se croisent, on ne sait pas laquelle est devant l'autre. On peut aussi voir un côté en avant ou en arrière, même au-dessus ou en dessous. Concentrez-vous sur cette idée, et votre cerveau va vous la faire percevoir comme une réalité ! En réalité, justement, il n'y a pas de cube, mais seulement 12 segments de droites qui forment cette figure géométrique. Et l'impression de relief est recréée par le cerveau.
Ainsi, votre cerveau peut vous faire apercevoir une des deux images suivantes :

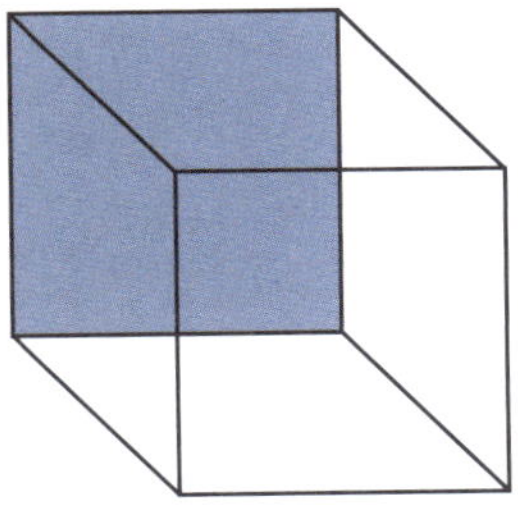

ou

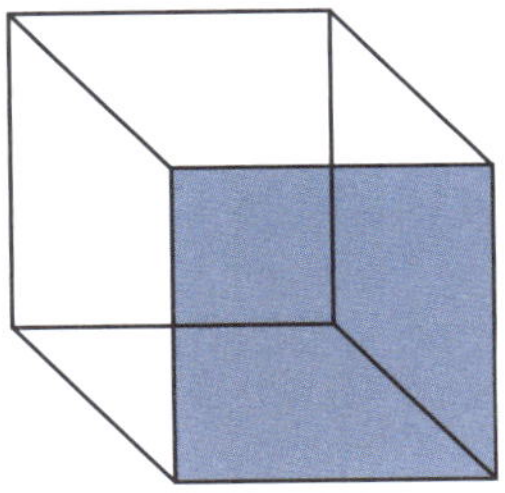

UN CÔTÉ DU CERVEAU EST DOMINANT POUR NOTRE VISION

JEU DÉTERMINEZ VOTRE ŒIL DIRECTEUR

Tendez votre bras et relevez verticalement votre index. Puis, les deux yeux bien ouverts, positionnez votre index en direction d'une ligne verticale (bord d'une porte ou d'une fenêtre). Fermez ou masquez avec l'autre main votre œil droit, puis votre œil gauche.

EXPLICATION

Avec l'un des yeux ouvert, l'image de votre doigt reste bien alignée avec la ligne verticale visée : c'est votre œil directeur.

Les informations venant d'un de nos yeux sont privilégiées par notre cerveau. Cet œil est appelé œil directeur. En fait, ce n'est pas l'œil qui est dominant, mais l'aire visuelle située de l'autre côté. Donc ce sont les informations de votre œil droit qui sont privilégiées si votre cerveau gauche domine, ou les informations de votre œil gauche, si votre cerveau droit domine.

PRIORITÉ À LA PERCEPTION DU MOUVEMENT

JEU EFFACEZ VOTRE VOISIN D'EN FACE

Placez deux chaises face à face le long d'un mur blanc uni. Demandez à un ami de s'asseoir face à vous, le mur blanc étant situé à votre droite.

Prenez un petit miroir dans votre main gauche et positionnez une de ses arêtes près de l'axe de votre nez. Tournez le miroir de 45° en maintenant son axe vertical. Votre œil gauche continue à voir votre ami, tandis que votre œil droit voit l'image du mur blanc dans le miroir. Continuez à fixer le visage de votre ami et tendez votre bras droit de façon à voir votre main droite apparaître dans le miroir, puis bougez cette main lentement de bas en haut : vous avez l'impression d'effacer le visage de votre ami !

EXPLICATION

Habituellement, vos deux yeux regardent la même chose ; le cortex visuel de votre cerveau a donc l'habitude de fusionner les images venant de chaque œil pour construire une image mentale.

Dans ce jeu, comme l'œil droit ne voit dans le miroir qu'une surface blanche, le cerveau ne prend en compte dans un premier temps que l'image du visage.

Dans un second temps, comme le cerveau privilégie le mouvement, il privilégie l'image de la main droite en mouvement, aux dépens de l'image du visage vue par l'œil gauche. Ainsi, le visage de votre ami s'efface avec le mouvement de la main.

Cette capacité cérébrale nous permet de repérer plus vite un objet en mouvement, comme une voiture qui arrive sur nous, afin que nous puissions nous jeter sur le côté pour tenter d'éviter le choc...

LE CERVEAU FAIT BOUGER LES YEUX POUR ÉVITER LA SATURATION, MAIS IL N'EN EST PAS CONSCIENT

ILLUSION D'UNE IMAGE EN MOUVEMENT

Le disque au centre de l'image se déplace-t-il ?

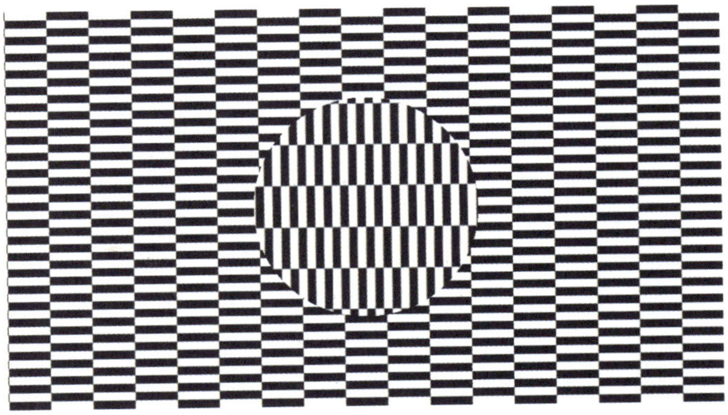

EXPLICATION

L'œil se fatigue très vite en fixant un point. Alors, de manière inconsciente, le cerveau commande à l'œil de bouger en permanence, afin que les capteurs visuels de l'œil ne soient pas saturés de lumière. L'image captée à un instant T se télescope avec l'image enregistrée l'instant d'avant, ce qui crée une impression de mouvement ou de vibration.

ILLUSION DES CERCLES EN MOUVEMENT

Fixez le point noir au centre de l'image, puis avancez et reculez la tête.

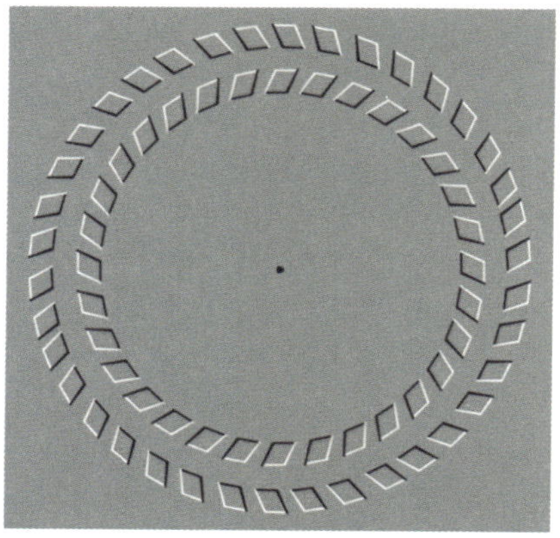

EXPLICATION

Vous voyez tourner les roues dans des sens opposés ! Comme on fixe le point noir, l'œil bouge inconsciemment pour éviter de saturer ses capteurs sensoriels. Comme nous ne sommes pas conscients de ces mouvements, les petits trapèzes semblent bouger. Leur forme étant inversée d'un cercle à l'autre, l'un semble tourner dans un sens et l'autre dans le sens inverse.

ILLUSION DES ROULEAUX EN ROTATION

Reculez votre tête à 50 cm du livre et fixez cette image…

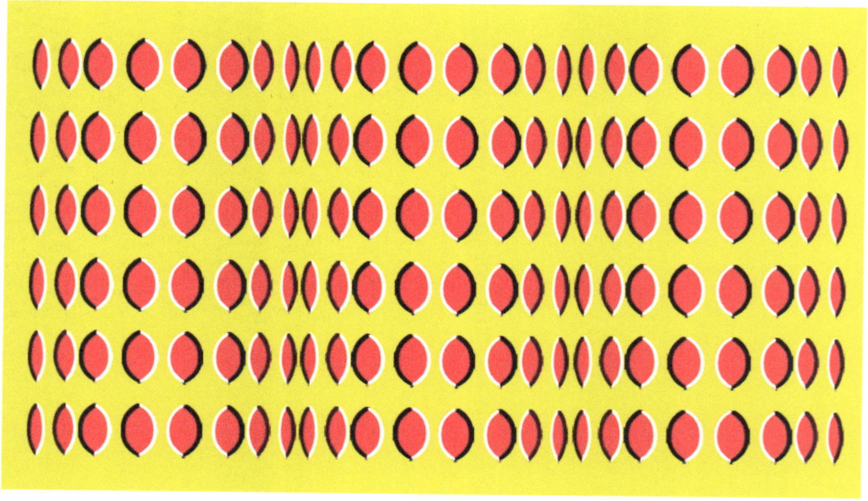

EXPLICATION

Les rouleaux commencent à tourner... Comme les lentilles rouges sont de moins en moins larges symétriquement autour des trois colonnes de lentilles verticales les plus grosses, en fonction d'images qu'il a déjà observées, votre cerveau interprète cette différence comme une vision en perspective de trois rouleaux verticaux vus de profil. Comme les lentilles sont de couleur sombre, vos yeux sont inconsciemment en mouvement pour éviter de saturer leurs capteurs visuels. Mais cette information n'étant pas intégrée par les zones d'interprétation visuelles, votre cerveau interprète le mouvement provoqué par vos yeux comme un mouvement de rotation des rouleaux.

ILLUSION DE LA PLONGÉE DANS L'ABÎME

Fixez cette image : bouge-t-elle ? N'avez-vous pas l'impression de plonger dans l'abîme central ?

EXPLICATION

Votre cerveau se réfère à la notion de perspective qu'il a progressivement et inconsciemment apprise dans l'enfance. La largeur de plus en plus faible des bandes est interprétée comme un éloignement plus important de la partie centrale de l'image par rapport à sa périphérie. De plus, l'œil bouge inconsciemment pour éviter de saturer ses capteurs visuels. Comme vous n'avez pas conscience de ce mouvement, votre cerveau interprète celui-ci comme une plongée dans l'abîme au centre de l'image.

ILLUSION DE LA GRILLE D'HERMANN

Les points situés aux intersections des carrés noirs sont-ils blancs ou gris ?

RÉPONSE

Observez de près un point situé à une intersection : il est blanc, et tous les autres le sont aussi. Les points situés aux intersections ne sont pas gris. Mais lorsque vous observez le dessin de plus loin, le cerveau interprète l'information concernant la luminosité des points en fonction de leur environnement. En particulier, il renforce les contrastes pour améliorer la vision des détails, ce qui produit cette illusion.

LE CERVEAU INTERPRÈTE LES INFORMATIONS VISUELLES EN FONCTION DE SA MÉMOIRE

ILLUSION CANARD OU LAPIN ?

Que voyez-vous sur cette image ?

RÉPONSE

Le cortex du cerveau donne du sens aux images que lui envoient les yeux. Il les interprète en fonction du contexte dans lequel on se trouve. Ici, est-ce un lapin ou un canard ? Tout dépend du sens de l'image...

ILLUSION PORTRAIT DE FEMMES

Voyez-vous une jeune fille ou une vieille femme ?

RÉPONSE

Ce n'est pas une illusion visuelle, mais une image réalisée par William Hill en 1915, qui rend possibles deux interprétations : une jeune femme regardant vers l'arrière ou une vieille femme de profil. Presque tous les hommes et de nombreuses femmes perçoivent d'abord la jeune femme, car notre cerveau interprète les images d'abord en fonction de nos préoccupations ou de nos centres d'intérêt. Pour voir la femme âgée, il faut généralement avoir évoqué une vieille sorcière, ce qui fait rechercher un modèle mémorisé dans le cerveau, celui d'un visage avec un gros nez et un menton pointu…

LA PERSISTANCE DES IMAGES SUR LA RÉTINE PEUT TROMPER NOTRE CERVEAU

ILLUSION DE LA CROIX NOIRE

Sous un bon éclairage, fixez le cercle ci-dessous pendant 30 secondes. Puis regardez fixement, à droite, le point situé au centre du carré…

EXPLICATION

Vous voyez apparaître une figure blanche sur fond gris. Au fond de l'œil, la rétine est formée de capteurs sensibles à la lumière qui se fatiguent rapidement. Ceux qui ont reçu beaucoup de lumière blanche deviennent insensibles, et le fond blanc vous paraît gris. Par contre, les capteurs ayant fixé les lignes noires n'ont pas reçu de lumière et sont très sensibles : à la place des lignes noires, on voit un dessin blanc éclatant ! Ce phénomène est appelé la persistance rétinienne.

ILLUSION DU NÉGATIF

Fixez pendant 30 secondes les quatre petits points au milieu de l'image. Puis fixez une surface blanche !

EXPLICATION

L'image du Christ apparaît lentement et subsiste quelques secondes, mais ce n'est pas un miracle ! Pour la même raison que dans le cas précédent, les surfaces blanches de l'image vous apparaissent en gris. Les cellules visuelles correspondantes étant saturées, elles ne transmettent plus d'information, vous voyez donc du gris ou du noir. L'image ne perdure pas, car les cellules visuelles récupèrent rapidement et retrouvent leur capacité initiale. Un fort éclairage est nécessaire pour faire cette expérience et la suivante.

ILLUSION DU DRAPEAU CACHÉ

Observez le drapeau pendant 30 secondes. Puis fixez une surface blanche. Que voyez-vous apparaître ?

RÉPONSE

Vous voyez apparaître le drapeau français : bleu, blanc, rouge ! Pour la même raison que dans le cas précédent, après avoir fixé le drapeau, les cellules sensibles au jaune sont fatiguées ; on voit alors à gauche la couleur complémentaire du jaune : le bleu. Même phénomène, au milieu, pour le noir, à la place duquel apparaît du blanc. À droite, on voit du rouge, couleur complémentaire du cyan.

LA PERCEPTION

TACTILE

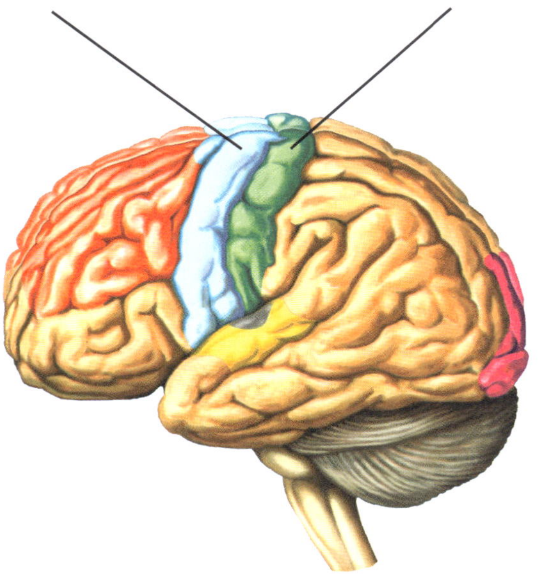

La perception tactile est la perception par le toucher transmise essentiellement par l'intermédiaire de la peau mais aussi les muqueuses et la cavité buccale. Les capteurs de la peau ne donnent pas des valeurs précises, mais procèdent par comparaison. Par exemple, ils ne vous permettent pas de savoir quelle température il fait, mais simplement de percevoir qu'il fait plus froid ou plus chaud qu'à l'endroit où vous étiez avant.

La peau qui recouvre toute la surface de notre corps renferme des capteurs sensoriels de différentes natures : sensibles à la fois au contact, aux vibrations, aux variations de température et à la douleur. Ils ne sont pas répartis uniformément. Les informations qu'ils reçoivent sont transmises dans une zone latérale du cortex cérébral, dans les aires primaires de sensibilité tactile (en vert sur le schéma). Certaines parties du corps, en particulier la main et le pied, y sont surreprésentées, en raison de la densité de capteurs qu'elles possèdent.

Les informations venant du côté droit du corps sont envoyées dans l'hémisphère gauche, et celle de la partie gauche du corps dans l'hémisphère droit.

LA PERCEPTION EST PLUS OU MOINS FINE SELON LES ENDROITS DU CORPS

JEU DE L'AIGUILLE... JE SUIS INSENSIBLE !

Enfoncez une douzaine d'aiguilles dans un bouchon de façon que les têtes des aiguilles soient distantes de moins de 1 mm. Ne montrez pas le bouchon à votre ami avant l'expérience. Puis, votre ami ayant les yeux bandés ou fermés, touchez différentes parties de son corps avec les têtes d'aiguilles fixées sur le bouchon. Demandez-lui à chaque fois de dire combien d'aiguilles il perçoit. Touchez en particulier l'avant-bras, la paume de la main, les joues, en finissant par l'extrémité de l'index...

EXPLICATION

Votre ami ne pourra pas déterminer le nombre d'aiguilles plantées dans le bouchon, sauf avec le bout de son doigt. La raison en est que les capteurs tactiles, qui ne sont pas uniformément répartis sur le corps, sont très nombreux à l'extrémité des doigts, et beaucoup moins sur la paume des mains et les bras. Vous pourrez même vous amuser à établir une véritable cartographie des zones de sensibilité tactile sur l'ensemble du corps : vous découvrirez que les zones les plus sensibles sont celles qui sont les plus larges sur le cortex de la sensibilité tactile au niveau du cerveau (schéma ci-dessous).

AIRE PRIMAIRE DE LA SENSIBILITÉ TACTILE

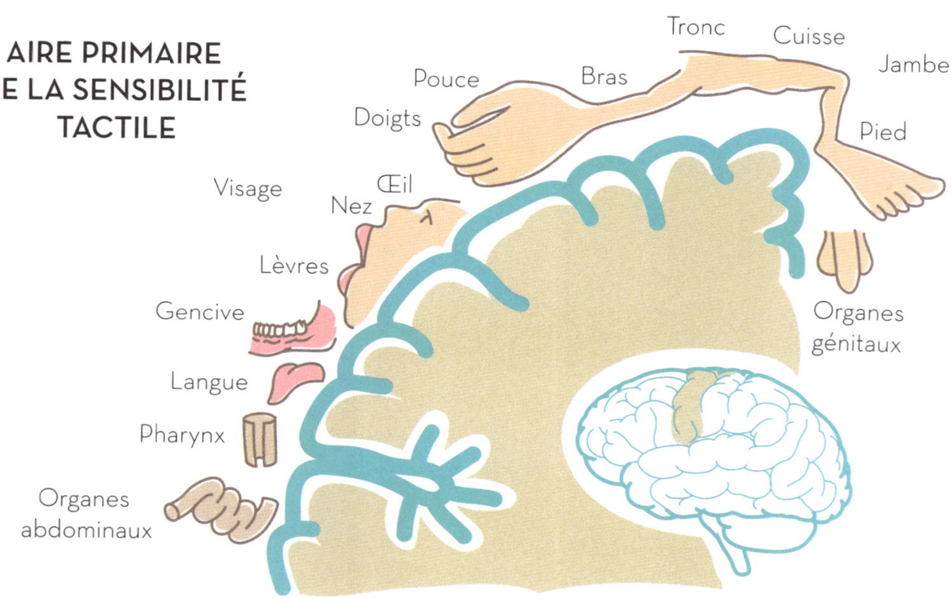

LA PERCEPTION EST DÉFORMÉE DANS CERTAINES RÉGIONS DU CORPS

JEU LA PLUME QUI MONTE SUR LE BRAS

Demandez à un ami de vous présenter son avant-bras, la paume de la main tournée vers le haut. Demandez-lui de fermer les yeux ou bandez-les-lui. À l'aide d'une plume, caressez son avant-bras en dessinant des méandres de plus en plus larges et en effleurant à peine la peau, depuis le poignet jusqu'au coude. Demandez-lui de dire « stop » quand la plume arrive au niveau du coude.

EXPLICATION

Le plus souvent, il dira « stop » bien avant le coude. En effet, le faible nombre de capteurs sensoriels sur cette zone de la peau entraîne des erreurs de localisation au niveau de l'avant-bras, la position du coude étant alors estimée aux deux tiers de l'avant-bras !

LE CERVEAU INTERPRÈTE LES SENSATIONS EN FONCTION DE SON EXPÉRIENCE

JEU DE PINOCCHIO

Demandez à un ami de s'asseoir et bandez-lui les yeux. Asseyez-vous juste devant lui. Demandez-lui de tapoter pendant une minute son nez avec l'index de sa main droite pendant qu'il tapote simultanément votre nez avec l'index de sa main gauche.

EXPLICATION

Au bout d'une minute, il aura probablement l'impression de posséder un nez de 50 cm de long ! Les informations tactiles et les informations sur la position des muscles des bras se confrontent dans une zone d'interprétation située à la base du cortex pariétal, qui intervient dans la prise de conscience de notre schéma corporel : le cerveau de votre ami prend en compte

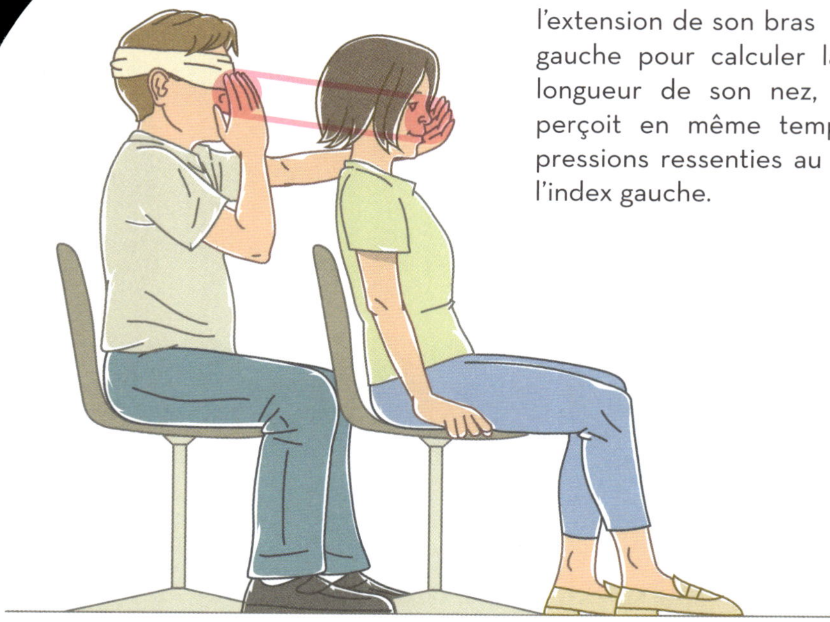

l'extension de son bras gauche pour calculer la longueur de son nez, qui perçoit en même temps les pressions ressenties au bout de l'index gauche.

LA PERCEPTION DU CHAUD ET DU FROID

JEU DE L'EAU TIÈDE

Remplissez 3 bassines : une à gauche avec de l'eau froide, une à droite avec de l'eau chaude, et celle du milieu avec un mélange des deux eaux afin d'obtenir de l'eau tiède.

Immergez en même temps, pendant une minute, une main dans l'eau froide et l'autre dans l'eau chaude. Puis plongez ensemble vos deux mains dans la bassine du milieu.

EXPLICATION

L'eau tiède paraît froide à la main sortie de l'eau chaude et semble chaude à la main sortie de l'eau froide. En effet, les récepteurs sensibles à la température situés dans la peau s'adaptent ; ils cessent d'envoyer au cerveau des informations au bout d'un certain temps, ce qui modifie la sensation.

JEU RETROUVEZ LA PIÈCE DE MONNAIE

Posez 3 pièces de monnaie identiques sur une table en bois (le matériau ne doit pas être un bon conducteur de

la chaleur). Bandez-vous les yeux. Demandez à un ami de serrer fort dans sa main pendant 10 secondes l'une des trois pièces, puis de la reposer où il veut par rapport aux deux autres pièces. Annoncez que vous êtes capable de la retrouver !

EXPLICATION

Posez rapidement chaque pièce, l'une après l'autre, contre votre lèvre supérieure. La plus chaude est celle que votre ami a tenue dans sa main. En effet, la lèvre supérieure, comme le dos de la main, est l'une des zones de la peau les plus sensibles à la chaleur, car c'est elle qui concentre le plus grand nombre de capteurs sensibles à la chaleur. Ces informations sont transmises au cortex tactile, qui les envoie au cortex frontal, qui, lui, décide qu'elle est la pièce en question.

ON PEUT TROMPER SON CERVEAU

JEU DE LA MULTIPLICATION DES CRAYONS

Placez 3 crayons sur une table, puis bandez les yeux d'un ami. Retirez 2 crayons. Demandez à votre ami de croiser deux de ses doigts, l'index et le majeur, en forçant sur le majeur pour le placer au même niveau que l'index. Les autres doigts doivent être repliés. Posez ses doigts croisés à cheval sur le crayon restant. Demandez-lui de bouger ses deux doigts entrelacés de droite à gauche, puis de gauche à droite, perpendiculairement au crayon. Accompagnez le mouvement au début, puis relâchez. Demandez alors à votre ami combien il y a maintenant de crayons sur la table.

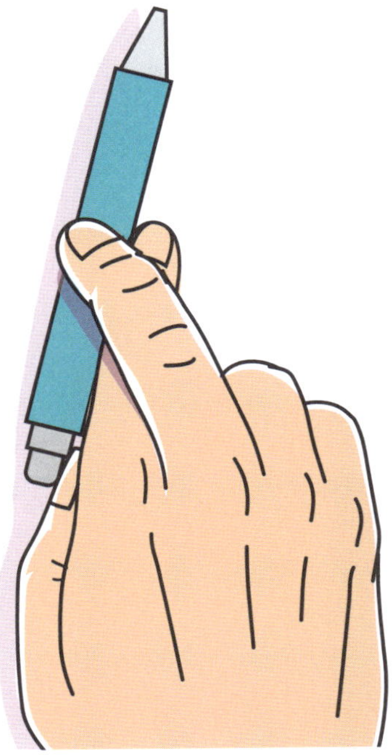

RÉPONSE

Si votre ami pense qu'il y en a deux, enlevez son bandeau afin qu'il découvre qu'il n'y en a qu'un. Vous pouvez refaire ce test en fermant vos propres yeux.

Cette illusion sensorielle s'explique par le fait que le cerveau est habitué à ce que l'index de la main droite se trouve à gauche du majeur de la même main. Les doigts croisés, les sensations perçues sont inversées, et le cerveau, en percevant le contact du stylo entre les deux doigts, imagine alors qu'il y a un stylo à droite du majeur et un autre stylo à gauche de l'index, donc deux stylos.

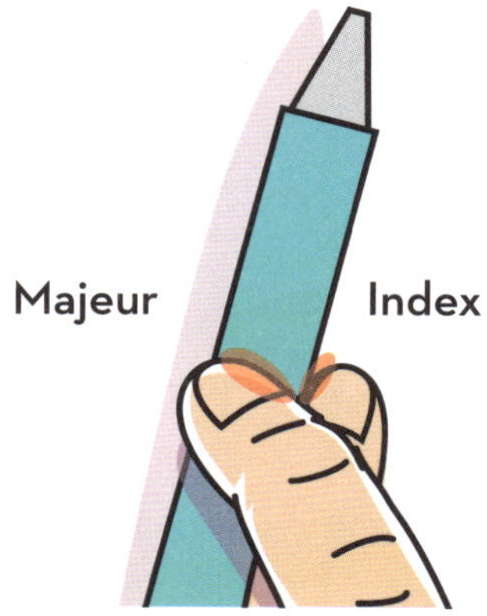

EXPÉRIENCE

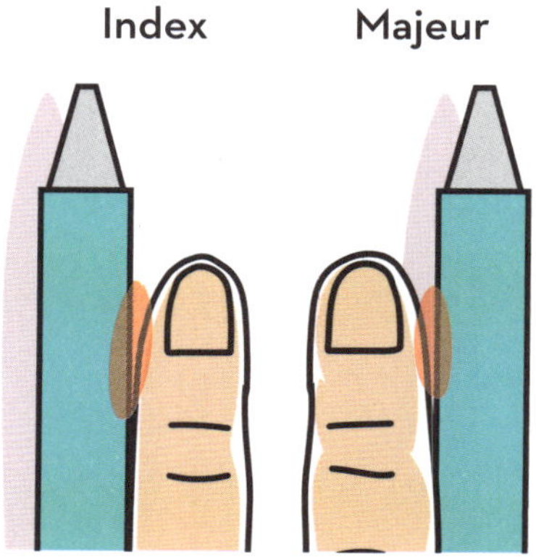

PERCEPTION
PAR LE CERVEAU

LA PERCEPTION
OLFACTIVE ET GUSTATIVE

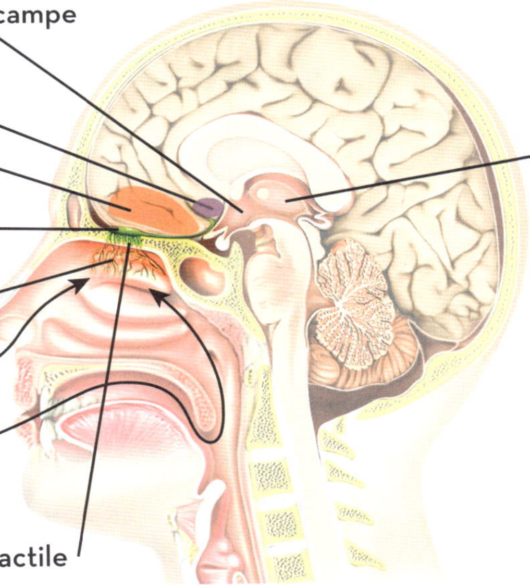

Le goût renseigne sur les saveurs et la composition des aliments, étant l'une des modalités de la chémoréception. Il détecte quatre grandes saveurs de base, – sucrée, salée, acide et amère –, qui sont perçues par des récepteurs particuliers, les bourgeons du goût. Les informations relatives au goût rejoignent une zone latérale du cortex, l'insula, où se situe le centre de traitement des informations gustatives.

L'odorat, jouant un rôle primordial dans la détection des saveurs, traite quant à lui les informations dans le bulbe olfactif à la base du lobe frontal, juste au-dessus du nez.

Pour reconnaître goûts et odeurs, le cerveau doit confronter les informations qui arrivent dans le thalamus avec celles qu'il a en mémoire au niveau du cortex olfactif frontal orbitaire. Dans les deux cas, les informations transitent par l'hippocampe et l'amygdale, qui intègrent l'émotion et le plaisir procurés par les odeurs et les aliments.

Deux sens similaires, le goût et l'odorat sont très proches l'un de l'autre. L'odorat a une influence majeure sur la perception du goût. La frontière entre ces deux sens reste difficile à déterminer, même dans le domaine médical : la perte de l'odorat est souvent confondue avec la perte qualitative du goût.

LA PERCEPTION DES ODEURS PASSE PAR LE NEZ

JEU DE RECONNAISSANCE D'ALIMENTS AVEC LES YEUX BANDÉS

Seul ou avec des amis, amusez-vous à reconnaître des odeurs en ayant les yeux bandés. Par exemple, des clous de girofle, des champignons séchés, des feuilles de laurier, des grains de café, de la lavande, du thym, de la cannelle, de la vanille, de la réglisse… selon ce que vous avez sous la main.

Recommencez l'expérience en vous bouchant le nez avec les doigts.

EXPLICATION

Il n'est pas toujours facile de reconnaître des odeurs. Certaines personnes sont plus expertes que d'autres, le cerveau comparant l'odeur perçue avec la banque d'odeurs qu'il a en mémoire et qu'il s'est constituée progressivement. Donc plus grande est notre expérience des odeurs, mieux on les reconnaît. Avec le nez bouché, on ne peut rien reconnaître, parce que les papilles sensibles de l'odorat sont situées dans les cavités nasales et qu'il faut que les molécules odorantes y passent, véhiculées par l'air.

UN BON NEZ POUR UNE BONNE PERCEPTION GUSTATIVE

JEU DE RECONNAISSANCE D'ALIMENTS AVEC LE NEZ BOUCHÉ

Préparez ce jeu de découverte en découpant des aliments en petits cubes (pomme, pain, carotte, oignon, etc.). Un ami, avec les yeux bandés, doit essayer de les reconnaître en les goûtant.

Dans un second temps, il doit retenter l'expérience avec les yeux bandés et le nez bouché.

EXPLICATION

Tout le monde ne réussit pas à reconnaître tous les aliments sans le secours de la vision, simplement en les goûtant, parce que le cerveau inclut aussi des informations visuelles dans la mémorisation des goûts.

Avec le nez bouché, l'identification sera beaucoup plus difficile, et même impossible pour nombre d'aliments, car avec la langue (sans l'odorat) on ne reconnaît que la texture des aliments, ainsi que les sensations de salé, sucré, acide, amer, et le glutamate. Toute la richesse des sensations habituelles procurées par le goût est donnée par les papilles de l'odorat dans les cavités nasales, l'odeur des aliments remontant par l'arrière-gorge. C'est pour cette raison que l'on perd le goût pendant un gros rhume.

TEST DU NEZ DE L'ŒNOLOGUE

Pour apprécier un vin, on utilise d'abord son odorat pour le humer dans un verre à pied (afin d'éloigner d'éventuelles odeurs sur la main) et en le faisant tourner dans le verre pour l'aérer. Dans un second temps, lorsqu'on aura une gorgée de vin en bouche, on repérera les arômes par la voie rétronasale, donc par les odeurs qui remontent de la bouche vers le nez. Notre cerveau peut, avec de l'expérience, affiner et enrichir sa perception sensorielle afin de bien distinguer les arômes. Cette perception des arômes varie d'une personne à une autre. Les arômes primaires dépendent du cépage, donc de la variété des raisins. On les compare à des odeurs de fleurs, de plantes, de fruits, d'épices ou de minéraux.

Pour les vins blancs, entraînez-vous à rechercher :

- des arômes de fleurs : œillet, jacinthe, iris, rose, genêt, tilleul, fleur d'oranger, lilas, acacia, chèvrefeuille ou aubépine ;
- des arômes végétaux : foin, herbe, buis, fougère, tisane, thé, lierre, fenouil, menthe ou anis ;
- des arômes de fruits : pomme, poire, pêche, abricot, ananas, pamplemousse, coing, amande, citron ou banane ;
- des arômes minéraux : pierre, pétrole, craie, graphite, silex, huître ou coquillages.

Pour les vins rouges, recherchez :

- des arômes de fleurs : rose, violette, rose fanée, pivoine ou fleurs séchées ;
- des arômes végétaux : bourgeon de cassis, poivron vert, humus ou cèdre ;
- des arômes de fruits : fruits rouges et noirs (cerise, groseille, framboise, mûre, cassis, myrtille, fraise), banane ou bonbon anglais ;
- des arômes d'épices : thym, poivre, laurier ou garrigue.

Si vous êtes spécialiste, vous chercherez aussi les arômes secondaires révélant la fermentation, donc la transformation du sucre en alcool, détectables par des notes beurrées ou lactées. Enfin vous percevrez les arômes liés au vieillissement en bouteilles du vin : jeune et fruité ou boisé s'il a été conservé en fût de chêne…

LA PERCEPTION

AUDITIVE

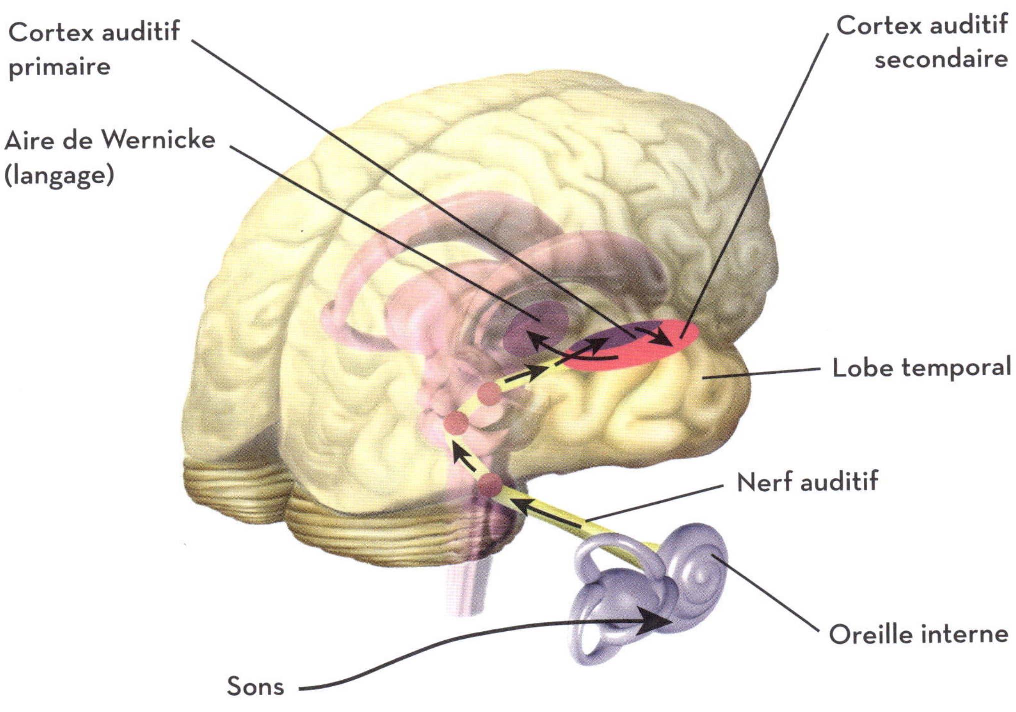

Les informations auditives provenant des capteurs de l'oreille interne arrivent dans les aires auditives situées de chaque côté du cerveau, dans la partie supérieure du lobe temporal, à droite pour l'oreille gauche et à gauche pour l'oreille droite. Ces aires auditives distinguent et mémorisent les fréquences sonores, l'intensité et le timbre. Au-dessous, on trouve les aires auditives secondaires, ou d'association, qui assurent le traitement des informations. Sur le côté gauche, elles sont en liaison avec l'aire de Wernicke, qui assure la compréhension des mots du langage.

DEUX OREILLES POUR IDENTIFIER LA PROVENANCE D'UN SON

JEU RECHERCHEZ D'OÙ VIENT LE BRUIT

Pour jouer, il faut être au moins deux. Les joueurs ont les yeux bandés et ne doivent pas bouger la tête. Le maître du jeu se déplace derrière et autour d'eux. Les joueurs essaient de le localiser en indiquant, de leur bras tendu, l'endroit d'où ils pensent que provient le bruit. Le maître du jeu s'éloigne de quelques pas et chantonne ou claque des doigts.

L'expérience peut être recommencée avec l'une des oreilles bouchée.

EXPLICATION

Nous avons besoin de nos deux oreilles pour localiser un son. Avec une oreille bouchée, on a des difficultés à situer la provenance du son, sauf si l'on peut tourner la tête : l'oreille non bouchée peut alors déterminer le côté où le son est à son intensité maximale. On remarque aussi qu'il est plus facile de localiser un bruit sec, comme un claquement de doigts, qu'un bruit continu, comme un chantonnement.

RECONNAISSANCE SONORE

JEU DE LA MÉMOIRE SONORE

Pour ce jeu, il faut être assez nombreux. Chacun se choisit un animal et, à tour de rôle, pousse le cri de cet animal : *cocorico*, *bzzzzz*, *wahou*, *miaou*, *hi han*, *bêê*, *meuh*, etc. Les autres doivent mémoriser l'animal qu'il a imité. (On peut compliquer l'expérience avec deux animaux par personne.)

Chaque joueur se désigne un adversaire et pousse un cri d'animal qui n'est pas forcément le sien. L'adversaire doit répondre par ce même cri d'animal s'il considère que c'est bien le cri de l'autre joueur, ou rester muet s'il pense qu'on essaie de le tromper. Le joueur qui arrive à tromper un adversaire gagne un point.

EXPLICATION

Ce jeu sollicite les représentations sonores mémorisées par notre cerveau. Nous n'avons pas tous les mêmes capacités d'identification sonore.

ON INTERPRÈTE LES SONS EN FONCTION DE CE QUE L'ON A EN MÉMOIRE

JEU D'INTERPRÉTATION DES SONS

Radio ou télévision éteintes, fermez les yeux, et la tête appuyée sur les mains, concentrez-vous 3 minutes sur ce que vous entendez ou croyez entendre. Essayez d'identifier les bruits perçus et de déterminer leur provenance. Prenez le temps de réfléchir : à quoi vous font-ils penser ?

Si vous êtes plusieurs à faire cette expérience, notez les bruits que vous avez perçus et ce qu'ils évoquent pour vous. Puis lisez ce que vous avez écrit et échangez mutuellement les souvenirs évoqués.

EXPLICATION

Ce jeu permet de se concentrer sur le monde sonore et de privilégier quelques instants notre audition, en particulier notre mémoire auditive, pour nous rendre compte de sa richesse.

LE CERVEAU DE CERTAINS PRIVILÉGIE L'AUDITION

TEST ÊTES-VOUS AUDITIF OU VISUEL ?

Répondez aux questions suivantes :

1. Que préférez-vous ?

A. Lire un livre

B. Écouter de la musique

2. Dans votre appartement, vous êtes surtout sensible :

C. à l'ambiance sonore

D. à la décoration

3. Pour apprendre un texte :

A. Vous le photographiez dans votre tête.

B. Vous vous le lisez tout bas.

4. Si vous pensez à des vacances à la mer, vous imaginez :

C. le bruit des vagues et les cris des mouettes

D. une étendue d'eau bleue et la plage

5. Lors d'une fête, vous êtes surtout sensible :

D. au décor et aux gens

B. à l'ambiance musicale et aux conversations

6. Quand vous rencontrez quelqu'un pour la première fois, vous vous souvenez :

C. de ce qu'il a dit et de sa voix

D. de la couleur de ses cheveux et de ses vêtements

7. On vous présente un nouveau collègue :

D. Vous appréciez son allure décontractée.

B. Vous vous laissez séduire par sa façon de s'exprimer.

8. Le téléphone sonne alors que vous regardez un film : vous décrochez...

A. et écoutez d'une oreille distraite, car vous êtes captivé par le film.

B. et discutez tout en regardant le film.

9. Vous voulez séduire une personne que vous allez rencontrer...

D. Vous passez des heures à choisir votre tenue.

C. Vous réfléchissez à ce que vous allez lui dire.

10. Dans une librairie, pour choisir un livre :

C. Vous en parcourez quelques passages au hasard.

D. Vous êtes attiré par la couverture.

RÉSULTATS

Faites le total des réponses A+D et B+C.

✓ **Majorité de B+C**, vous êtes auditif, et vous avez besoin de vous répéter un texte dans votre tête pour vous en souvenir. Votre cortex frontal prend particulièrement en compte les informations fournies par les aires auditives.

✓ **Majorité de A+D**, vous êtes visuel, et vous retenez davantage les images.

L'ÉQUILIBRE

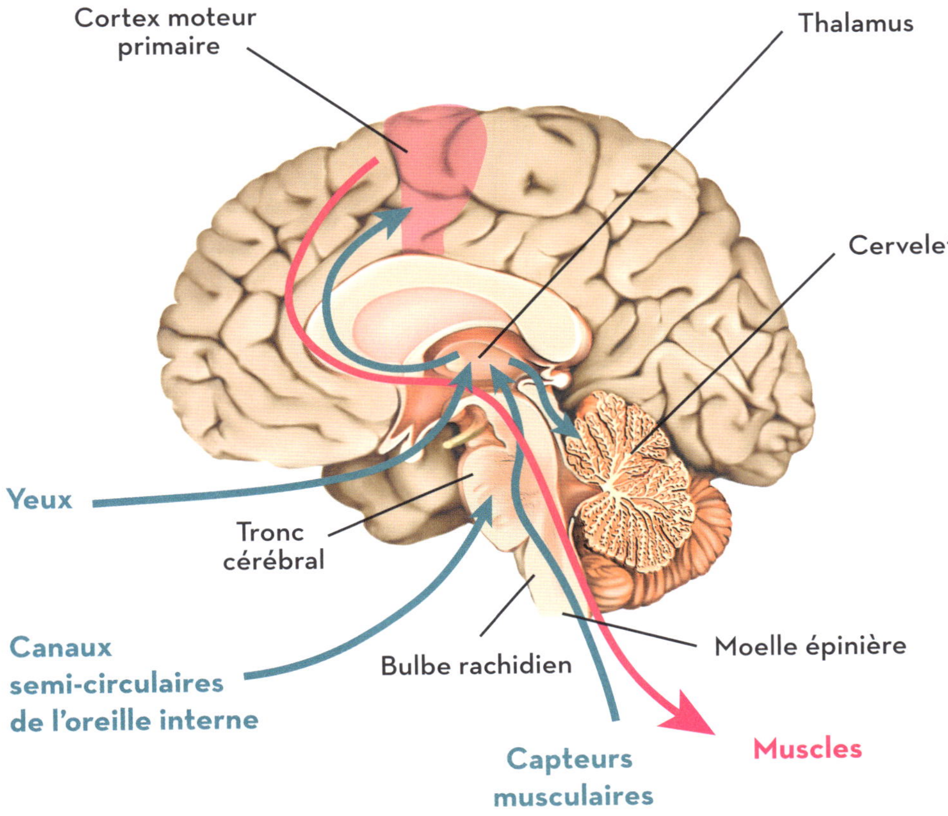

Le cervelet participe à l'équilibre. Plus précisément, il a en mémoire toutes les séquences de mouvements que nous avons apprises. Cette mémoire procédurale n'est pas consciente. Sa maturation permet au bébé de se tenir debout vers l'âge de 9 mois et d'apprendre à marcher.

Pour cela, le cervelet est en interaction permanente avec les aires motrices et sensorielles du cortex par un faisceau de 20 millions de fibres nerveuses qui passe par le thalamus. Pour maintenir l'équilibre, il reçoit des informations en provenance des canaux semi-circulaires situés dans l'oreille interne, des yeux, et des récepteurs musculo-tendineux situés dans les tendons des muscles.

AVERTISSEMENT : effectuez tous les jeux de ce chapitre en étant accompagné, afin de ne pas vous blesser en cas de chute ou d'étourdissement passager.

LE CERVELET JOUE UN RÔLE ESSENTIEL DANS L'ÉQUILIBRE

TEST DU FLAMANT ROSE

Réalisez ce test pieds nus. Tenez-vous bien droit et mettez les mains sur les hanches. Soulevez un pied en fléchissant la jambe, comme si vous étiez un flamant rose. Combien de temps pouvez-vous rester dans cette position ? Essayez une seconde fois, mais en fermant les yeux.

RÉSULTAT

Si vous tenez plus de 30 secondes, vous avez un bon équilibre et des muscles très efficaces. Les informations venant des récepteurs situés dans les tendons de vos muscles et celles provenant de vos yeux aident le cervelet et les aires motrices situées dans le cerveau à maintenir votre corps en équilibre. La durée de cet équilibre diminue avec l'âge et varie selon la forme physique. C'est la fatigue musculaire qui vous fait interrompre la position.

Le test est plus difficile avec les yeux fermés, parce que la vision ne renseigne plus le cervelet pour maintenir l'équilibre. Celui-ci ne peut plus corriger à temps toute inclinaison du corps, ce qui conduit à la rupture de l'équilibre.

RÔLE DES CANAUX SEMI-CIRCULAIRES ET DU CERVELET POUR L'ÉQUILIBRE

JEU DU FAUTEUIL TOURNANT

Asseyez-vous sur un fauteuil de bureau qui peut tourner. Faites-le tourner rapidement. Que vous arrive-t-il ? Essayez ensuite avec les yeux bandés.

EXPLICATION

On éprouve une sensation de vertige, même si on a les yeux bandés. Donc ce n'est pas la vision qui intervient, mais l'oreille interne. On y trouve trois canaux remplis d'un liquide, l'endolymphe, et situés dans les trois plans de l'espace. Les variations de position du liquide indiquent au cervelet, comme avec un niveau de maçon, la position de notre corps.
On perd l'équilibre simplement en

tournant vite, car l'inertie du liquide le conduit à continuer de tourner, même au moment de l'arrêt du mouvement.

Immobilisez le fauteuil dès que vous avez une sensation de vertige. Celle-ci peut aussi se produire lorsqu'on danse en tournant rapidement sur soi.

En cas de vertige, accroupissez-vous ou asseyez-vous immédiatement en relevant les genoux, pour passer les bras autour et poser la tête dessus. Respirez profondément, la sensation de vertige va disparaître.

Mais alors comment font les danseuses professionnelles ? Leur entraînement régulier et intensif utilise la plasticité cérébrale pour réduire l'influence des informations de rotation envoyées par l'oreille interne au cerveau.

JEU TOURNEZ AUTOUR D'UN MANCHE À BALAI

Choisissez un endroit où vous ne risquez pas de vous faire mal en tombant, par exemple la pelouse d'un jardin. Prenez un manche à balai et prenez appui avec vos deux mains sur son extrémité supérieure. Puis baissez la tête pour la laisser reposer sur vos mains au sommet du manche. Regardez par terre et essayez de tourner le plus vite possible autour du manche.

EXPLICATION

Pendant cet exercice, nombre de personnes perdent l'équilibre simplement en tournant. La tête étant penchée, les canaux semi-circulaires de l'oreille interne sont désorientés, car ils n'ont pas l'habitude de gérer un mouvement de rotation avec la tête à l'horizontale.

Pratiquement tout le monde perd l'équilibre en se redressant après avoir tourné. Lorsque nous redressons la tête à la fin du mouvement, le liquide contenu dans nos canaux semi-circulaires continue de tourner. L'information envoyée au cervelet n'est donc pas conforme à la nouvelle position du corps, qui s'est redressé, et l'on perd l'équilibre.

LE CERVEAU TIENT AUSSI COMPTE DES CAPTEURS NEUROMUSCULAIRES

JEU DE L'ŒUF QUI SE REDRESSE

Accroupissez-vous pendant une minute en faisant l'œuf, les jambes pliées, et les bras entourant les genoux. Puis relevez-vous brusquement. Que se passe-t-il ?

RÉPONSE

Vous avez une sensation de vertige, comme après avoir tourné sur vous-même. Dans ce cas, les informations fournies au cerveau par les capteurs neuromusculaires n'ont pas le temps d'être traitées par le cerveau. Ces capteurs sont situés dans les tendons des muscles, et ils renseignent le cerveau sur la proprioception, c'est-à-dire les positions relatives des différents segments du corps. La perception par le cerveau est donc différente de la réalité de la position du corps. Le cerveau n'a pas le temps de s'adapter à ce changement brusque de position, ce qui provoque une sensation de malaise ou de vertige.

De plus, si vous aviez la tête inclinée, comme vous la relevez au cours de ce mouvement, le même problème se produit avec les informations provenant des canaux semi-circulaires.

Dans tous les cas, quand vous vous relevez brusquement, le cœur n'a pas le temps d'augmenter la pression sanguine pour alimenter suffisamment le cerveau. Attention, chez certaines personnes, ou s'il fait très chaud, ou si vous avez faim, ces vertiges peuvent provoquer un évanouissement.

APPRENEZ L'ÉQUILIBRE À VOTRE CERVEAU

TEST FAIRE DU SURPLACE À VÉLO

Montez sur votre vélo et essayez de faire du surplace sans poser les pieds par terre. Alors, vous y arrivez ?

EXPLICATION

Vous n'avez aucun souci pour rester en équilibre sur votre vélo lorsque vous roulez… et pourtant il vous a fallu l'apprendre intuitivement lorsque vous étiez jeune.

En effet, il n'est pas si simple de se maintenir en équilibre sur un vélo. Si le vélo penche à gauche, on rétablit l'équilibre en tournant le guidon vers la gauche et réciproquement. Pourquoi utiliser cette technique contre-intuitive, puisqu'on tourne le guidon du côté où l'on tombe ? En cause : la force centrifuge. Quand on tourne le guidon vers la gauche, on crée une force centrifuge vers la droite qui rétablit l'équilibre. Elle est d'autant plus forte que l'on va vite. C'est pour cette raison qu'il est si difficile de faire du surplace.

Pourtant le cerveau de l'enfant apprend intuitivement cette technique par essai-erreur. Ses aires motrices commandent aux muscles des bras le mouvement du guidon en fonction des informations reçues par son cervelet. Puis cette technique devient un automatisme géré directement par le système limbique.

Cette technique permet aussi de se maintenir en équilibre à l'arrêt. Mais comme on n'est pas habitué à coordonner l'intensité de ces gestes sur un vélo à l'arrêt, notre cerveau doit s'entraîner à bien compenser la pente perçue par les canaux semi-circulaires de l'oreille et traités par le cervelet.

CERVEAU
ET MOUVEMENTS

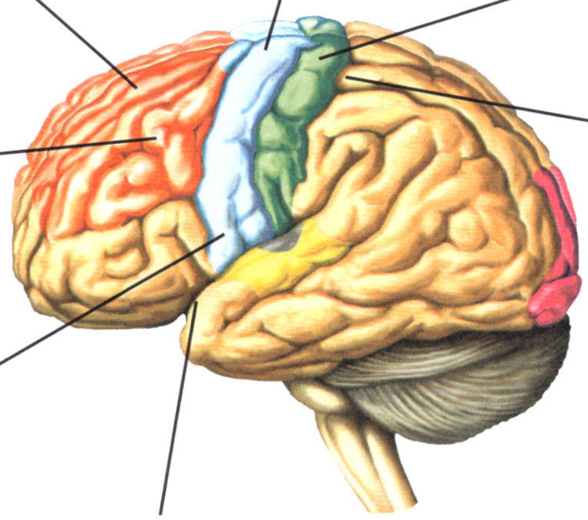

Un réseau de 100 000 km de fibres nerveuses irrigue tout notre corps et le relie au cerveau. Lorsqu'on veut marcher, on décide consciemment de bouger les jambes. Le cerveau envoie alors – sous forme d'influx nerveux – des ordres aux muscles qui effectuent les mouvements. La commande des muscles part de deux régions bien particulières, situées de chaque côté de la couche externe du cerveau, le cortex cérébral. Ces zones sont appelées les aires motrices. Le mouvement est planifié et coordonné dans la zone prémotrice, puis les ordres sont envoyés dans la zone motrice principale, dont chaque point correspond à la commande d'un muscle particulier. Cette représentation des zones de commande des muscles de chaque partie du corps montre que les mains et le visage sont très représentés, car ils possèdent beaucoup de petits muscles : un simple sourire en implique dix-sept !

LES ZONES MOTRICES D'UN CÔTÉ DU CERVEAU DIRIGENT LES MOUVEMENTS DE L'AUTRE CÔTÉ DU CORPS

JEU POUVEZ-VOUS FAIRE TOURNER VOTRE PIED GAUCHE ET VOTRE MAIN GAUCHE DANS DES SENS OPPOSÉS ?

Allongez-vous. Levez votre jambe gauche et dessinez des cercles avec le pied gauche dans le sens des aiguilles d'une montre.

1. Pendant que vous continuez ce mouvement, faites des cercles dans le même sens avec votre main gauche.

2. Tout en continuant les cercles avec le pied gauche, faites maintenant des cercles avec votre main droite en sens inverse.

3. À présent, tout en continuant à dessiner des cercles dans le sens des aiguilles d'une montre avec votre pied gauche, faites avec votre main gauche des cercles en sens inverse. Que remarquez-vous ?

RÉPONSE

Il est impossible de réussir ce dernier exercice. En effet, les mouvements du côté gauche de notre corps sont commandés par le côté droit de notre cerveau.

1. Lorsqu'on effectue des mouvements de la jambe et du bras gauches dans le même sens, pas de problème, car la coordination est de même nature, et notre cerveau y est habitué.

2. Pas de difficulté non plus – après quelques instants d'hésitation – si l'on fait tourner la jambe gauche et le bras droit en sens inverse, puisque les mouvements sont coordonnés séparément, par le cerveau droit pour la jambe gauche et par le cerveau gauche pour le bras droit.

3. En revanche, pour faire tourner la main gauche et le pied gauche dans des sens opposés, les ordres viennent de la même zone du cortex droit du cerveau, qui ne peut pas désynchroniser les deux mouvements. Il est donc impossible de réussir. Toutefois, avec beaucoup d'entraînement, et grâce à la plasticité cérébrale, on pourrait parvenir à réaliser cet exploit.

JEU DESSINEZ AVEC LE PIED ET LA MAIN GAUCHES

En position allongée, dessinez un « 3 » avec le pied gauche et un « 6 » avec la main gauche. Si vous n'y arrivez pas, essayez avec le pied droit et la main droite. Que constatez-vous ?

RÉPONSE

Ce n'est pas réalisable, parce que chaque hémisphère du cerveau ne gère qu'une des tâches à la fois. Ce geste est de nature plus complexe que celui de l'exercice précédent et, malgré la plasticité cérébrale, il faudrait des mois d'entraînement pour le réussir.

LE CERVEAU NE DIFFÉRENCIE PAS CERTAINS MOUVEMENTS

JEU ESSAYEZ DE PLIER UN SEUL DOIGT

Essayez, doigt après doigt, de n'en replier qu'un seul vers la paume de la main. Pouvez-vous réussir pour chacun d'eux ?

RÉPONSE

Aucun problème avec le pouce, l'index et l'annulaire… Mais qu'en est-il du majeur ? Impossible de le replier sur la paume sans entraîner un peu avec lui le doigt voisin, l'annulaire. Bien que les commandes soient séparées, ces deux doigts sont commandés par le même nerf, et les ligaments des muscles de l'annulaire sont en partie liés à ceux du majeur, ce qui est aussi le cas de l'auriculaire. Ainsi, la pliure du majeur ou de l'auriculaire entraîne une pliure partielle de l'annulaire.

LE TEMPS DE RÉACTION DÉPEND DU PARCOURS NEURONAL

JEU ATTRAPEZ LE BILLET DE BANQUE QUI TOMBE

Tenez un billet de banque verticalement du bout des doigts, puis demandez à un ami de placer sa main verticalement, pouce et index écartés, pour attraper le billet. Descendez le billet de façon que sa base soit au niveau de la main de votre ami. Lâchez le billet sans prévenir.

RÉSULTAT

Votre ami fermera sa main trop tard pour attraper le billet. Pour réussir, il faudrait qu'il resserre ses doigts seulement une demi-seconde après le début de la chute, ce qui est impossible (sauf s'il les resserre avant de voir le billet tomber).

En effet, une seconde sépare le moment où les yeux voient le billet commencer à chuter et le moment où les doigts se resserrent. L'information transite des yeux à l'aire visuelle (à l'arrière du cerveau), où elle est décryptée, puis est envoyée au cortex frontal (à l'avant du cerveau), qui l'interprète pour décider de déclencher la commande des muscles de la main, en commandant à la zone motrice latérale du cerveau, laquelle envoie un influx nerveux *via* la moelle épinière et les nerfs pour commander les muscles de la main. Ce circuit nerveux dure une seconde.

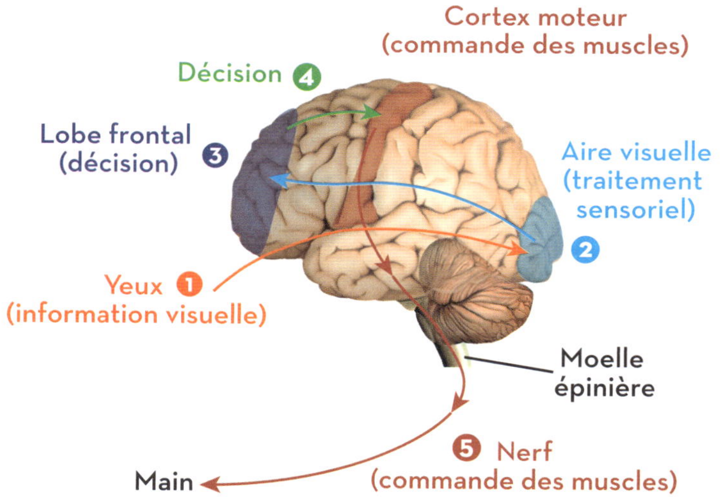

JEU MESUREZ VOTRE TEMPS DE RÉACTION AVEC UNE RÈGLE GRADUÉE

Tenez une règle de 30 cm de longueur au niveau de la graduation 30. Demandez un ami de placer sa main entrouverte pour rattraper la règle. Abaissez la règle de façon que le chiffre 0 soit juste au niveau de sa main, entre son pouce et son index. Lâchez la règle sans prévenir en demandant à votre ami de l'attraper.

RÉSULTAT

Notez à quelle graduation il saisit la règle (en général entre 10 et 15 cm). Le temps de réaction est augmenté sous l'effet de l'alcool de 1 à 1,5 seconde, parfois davantage. Dans un état normal, entre l'instant où l'on voit un obstacle et le moment où l'on appuie sur la pédale de frein de sa voiture, il s'écoule une seconde, ce qui correspond à 25 m à une vitesse de 90 km/h. Mais en état d'ébriété, cette durée dépasse 1,5 seconde, ce qui correspond à 37 m.

LA MISE EN CONDITION PERMET LA COORDINATION DES MOUVEMENTS

JEU SOULEVEZ SANS EFFORT UNE PERSONNE AVEC UNIQUEMENT VOS DEUX INDEX !

Asseyez-vous sur une chaise et demandez à quatre de vos amis de vous soulever seulement avec leurs index. Après des essais infructueux, indiquez à vos amis la bonne méthode :

Chacun des quatre porteurs croise les doigts de ses deux mains en tenant ses deux index tendus et serrés l'un contre l'autre (cf. dessins à la page suivante). Deux des porteurs placent leurs index sous vos aisselles et les deux autres placent leurs index sous vos genoux.

Mettez les porteurs en condition en les prévenant : « Attention, vous allez me lever tous ensemble. Commençons un compte à rebours lentement tous ensemble : 20, 19, 18,..., 9, 8, 7, 6, 5, 4, 3, 2, 1, soulevez ! » Ça marche !

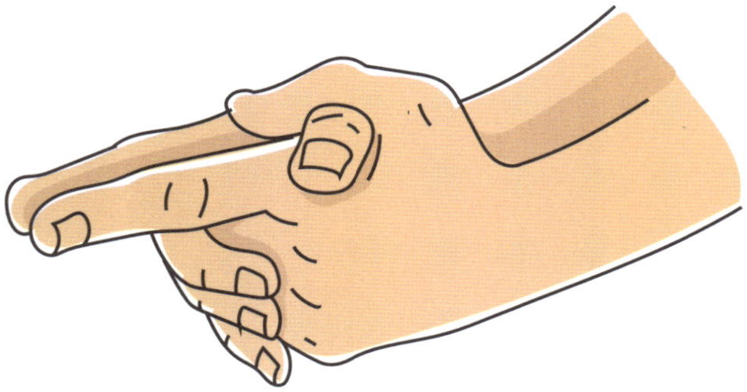

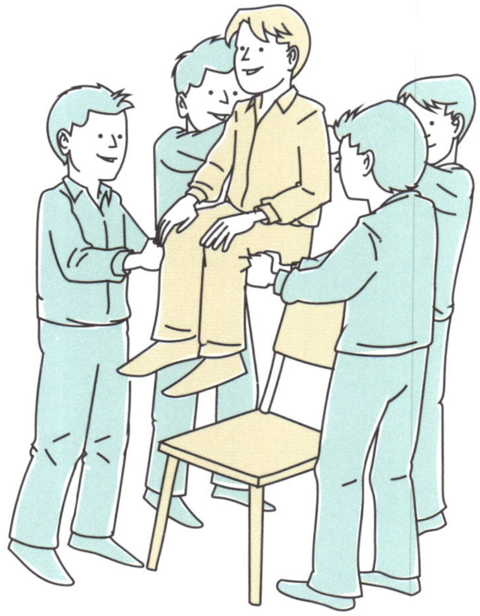

EXPLICATION

Contrairement aux apparences, il n'y a rien de surnaturel dans cet exploit. Seule la mise en condition permet au cerveau de se préparer, au niveau du cortex frontal et des zones motrices à impliquer dans l'action. Il faut au moins une vingtaine de secondes pour réaliser cette mise en condition et donc pour développer cette coordination. Ainsi, on concentre l'énergie de chacun sur l'action à réaliser. De plus, la coordination des mouvements des quatre porteurs permet de multiplier par 4 la force exercée par chacun.

Cette préparation mentale est comparable à celle que pratiquent les sportifs de haut niveau, en se répétant mentalement les mouvements à effectuer, pour se préparer à l'exploit.

LE CERVEAU

DES AUTOMATISMES

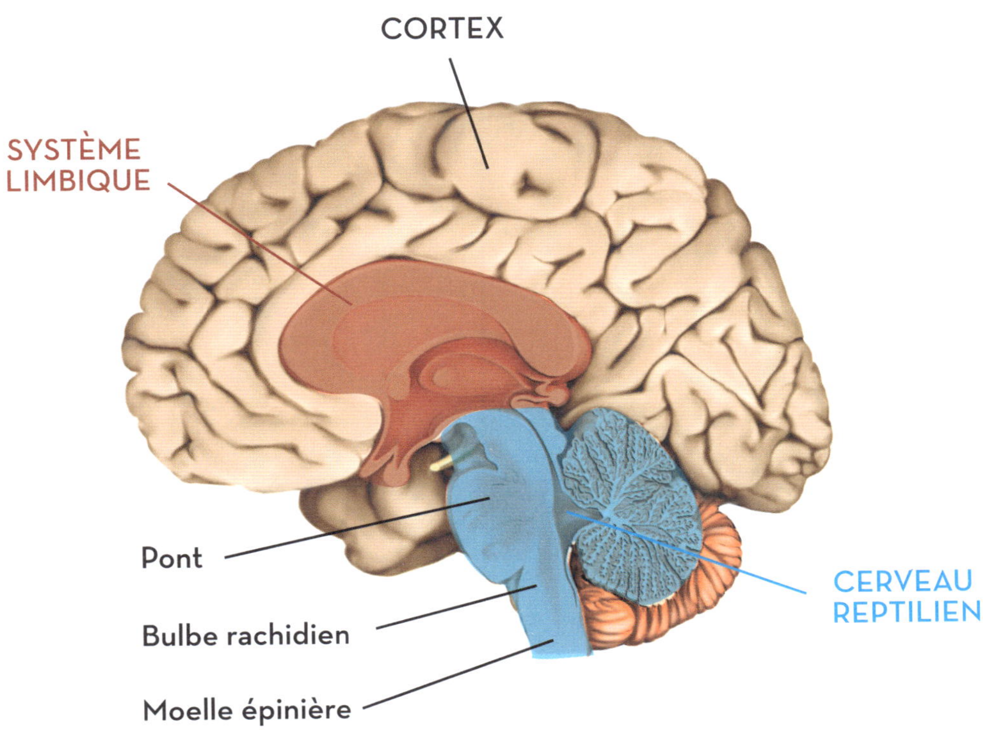

Des actions simples, comme retirer la main lorsqu'on touche un objet brûlant, sont de simples réflexes gérés, pour les bras et les jambes, au niveau de la moelle épinière ou, pour le visage, par le tronc cérébral. Nombre d'actes plus complexes, comme faire du vélo ou conduire une voiture, ont été appris, puis sont devenus des automatismes. Au départ, ils ont été programmés par notre cortex frontal, mais ils ont ensuite été pris en charge par les noyaux du système limbique et ceux du cerveau reptilien (bulbe rachidien et tronc cérébral), caché à la base du cerveau et en liaison directe avec la moelle épinière.

LES RÉFLEXES SIMPLES SONT GÉRÉS PAR LA MOELLE ÉPINIÈRE OU LE TRONC CÉRÉBRAL

JEU DE DÉCOUVERTE DE QUELQUES RÉFLEXES

Amusez-vous à rechercher et tester quelques réflexes simples :

- extension de la jambe lorsqu'on tape fort sur le tendon situé sous la rotule ;
- fermeture des yeux quand on tape une fois à la base des sourcils ; si on tapote plusieurs fois de suite, cela cesse ;
- pupille qui se rétrécit quand on l'éclaire et qui s'élargit dans l'obscurité. C'est ce qui provoque les yeux rouges sur les photos prises avec un flash, qui éclaire le fond de l'œil largement ouvert dans la pénombre. Ce réflexe protège l'œil d'un excès de lumière. Si on éclaire fortement un œil, l'autre se ferme en même temps.

EXPLICATION

Tous ces réflexes sont des réactions de survie visant à protéger spontanément et instantanément des organes. Ils ne nécessitent aucune action du cerveau et sont gérés par la moelle épinière.

UN CENTRE DE COORDINATION INCONSCIENT : LE CERVEAU REPTILIEN

JEU MOUVEMENT INVOLONTAIRE

Demandez à un ami de se mettre debout, les deux bras le long du corps, mains serrées et yeux fermés ou bandés. Placez-vous devant lui et retenez fermement ses deux mains serrées pendant 30 secondes en lui demandant d'essayer de les écarter de son corps. Dites-lui alors de laisser ses muscles se détendre et lâchez en même temps ses mains.

EXPLICATION

Quand vous lâchez, ses bras se relèvent tout seuls. Son cerveau a donné l'ordre aux muscles extenseurs du bras de se contracter pour écarter les bras. Tant que ceux-ci sont retenus, les muscles sont contractés, mais sans changer de longueur. Lorsque les mains sont lâchées, le cerveau n'a pas le temps de modifier la tension d'équilibre précédente, et les muscles provoquent le soulèvement des bras de façon réflexe. Il faut un dixième de seconde au cerveau conscient pour réagir et donner l'ordre inverse aux muscles, ce qui laisse le temps aux bras de se soulever. Comme les yeux sont fermés, le réajustement conscient est plus long à être effectué.

MODIFIER DES AUTOMATISMES

JEU CHANGEZ DE PLACE UN OBJET DU QUOTIDIEN

Choisissez l'un des objets que vous utilisez quotidiennement, comme votre brosse à dents, votre tasse favorite, par exemple, et changez l'endroit où vous le rangez. Notez ensuite le nombre de fois où vous allez le chercher d'abord à l'ancienne place.

EXPLICATION

Vous découvrirez qu'il vous en faut bien une dizaine d'essais avant d'aller sans hésitation au nouvel emplacement. Ces actions du quotidien, comme mettre le couvert, se brosser les dents, conduire sa voiture, ne sont pas de simples réflexes gérés par la moelle épinière, mais des actes complexes qui, au départ, ont été programmés par votre cortex frontal, mais dont les composantes deviennent ensuite spontanées et sont directement déléguées au niveau du système limbique.

LE CONTRÔLE DE NOS AUTOMATISMES PAR NOTRE CERVEAU CONSCIENT

JEU DES AUTOMATISMES

Chronométrez le temps que vous mettez ou que met un ami à lacer vos ou ses chaussures. Il s'agit d'une action que l'on fait automatiquement dès que le cerveau en donne l'ordre à nos muscles.

Dans un second temps, chronométrez la même action réalisée en expliquant comment l'on fait.

RÉSULTAT

L'action est beaucoup plus lente dans le second cas. Le mouvement est donc plus rapide s'il n'est pas contrôlé par le cerveau. La réaction réflexe s'établit directement dans la moelle épinière au milieu de la colonne vertébrale. Si on s'y attend, le cortex frontal du cerveau contrôle le mouvement à partir de son déclenchement, donc le circuit est plus long et le mouvement plus lent.

LE CERVEAU PEUT MODIFIER LES AUTOMATISMES EN ANTICIPANT LES ACTIONS

JEU Y PENSER SUFFIRAIT !

Demandez à un ami de faire 10 pompes, puis prenez son pouls. Le résultat, 100 à 130 pulsations par minute, correspond au rythme cardiaque après un effort, alors que le rythme au repos chez un adulte est de 70 en moyenne. Vérifiez le rythme cardiaque de votre ami au repos en prenant son pouls 20 minutes plus tard, s'il est resté installé sur une chaise ou dans un fauteuil...

Dites-lui alors qu'il va refaire des pompes, pour comparer... Il se met en position, mais faites-le patienter une ou deux

minutes en lui répétant ce que vous avez fait et le résultat obtenu. Alors qu'il attend votre signal de départ, prenez son pouls.

RÉSULTAT

Son rythme cardiaque est alors le même, voire souvent plus rapide, qu'après l'effort précédent.

Le cœur fonctionne de façon autonome grâce à un centre situé à l'intérieur de l'organe. Mais sa vitesse est régulée par le nerf parasympathique. Le bulbe rachidien, situé à la base du cerveau, reçoit des informations sur la pression sanguine et envoie alors des messages *via* le nerf parasympathique pour réguler la vitesse du cœur. C'est ce qui se passe lorsqu'on fait des pompes : le cœur accélère pour apporter davantage de sang aux muscles qui travaillent. Lorsqu'on prévient l'individu de l'effort à fournir, le cortex frontal envoie inconsciemment des ordres au bulbe rachidien afin d'accélérer le cœur : c'est la préadaptation à l'effort utilisée par les sportifs. C'est ce qui se produit chez les sprinters lorsqu'ils sont dans les starting-blocks.

COMMENT AMÉLIORER VOS RÉFLEXES ?

Comment créer des circuits neuronaux permettant de nouveaux automatismes ?

EXERCICE COURIR DANS LES BOIS

Un moyen simple est d'aller courir dans les bois en suivant des petits sentiers, avec leur sol inégal, les cailloux et les racines à éviter. Votre regard va s'éduquer à repérer ces obstacles en plus du cheminement du sentier.

Commencez en courant d'abord lentement afin de ne pas prendre de risque. À ce stade, votre cortex frontal doit analyser les informations venant du cortex visuel pour commander au cortex moteur les mouvements d'évitement nécessaires.

Au fur et à mesure de vos entraînements, en particulier si vous choisissez des parcours différents d'une fois sur l'autre, vous pourrez avancer de plus en plus vite. Votre cortex va prioriser les informations fournies par vos yeux à propos des obstacles détectés, puis les noyaux du système limbique vont prendre progressivement le relais, permettant une réaction plus rapide et automatique face à ces obstacles. Vous pourrez alors courir plus vite sans risquer de tomber.

EXERCICE JOUER À LA BALLE AU PRISONNIER

Un autre moyen d'améliorer ses réflexes est de jouer au jeu bien connu des enfants, la balle aux prisonniers, ou au moins à une version simplifiée.

Il suffit d'être deux, placés à une dizaine de mètres l'un de l'autre. L'un des deux lance le ballon en essayant de toucher l'autre, qui essaie de l'esquiver.

Pour améliorer vos réflexes d'esquive, demandez au lanceur de se rapprocher ou d'avoir une seconde balle à lancer rapidement après la première.

Vous pouvez aussi vous entraîner à bloquer les balles qu'on vous envoie.

LE CERVEAU DONNE DU SENS

EN FONCTION DE CE QU'IL CONNAÎT

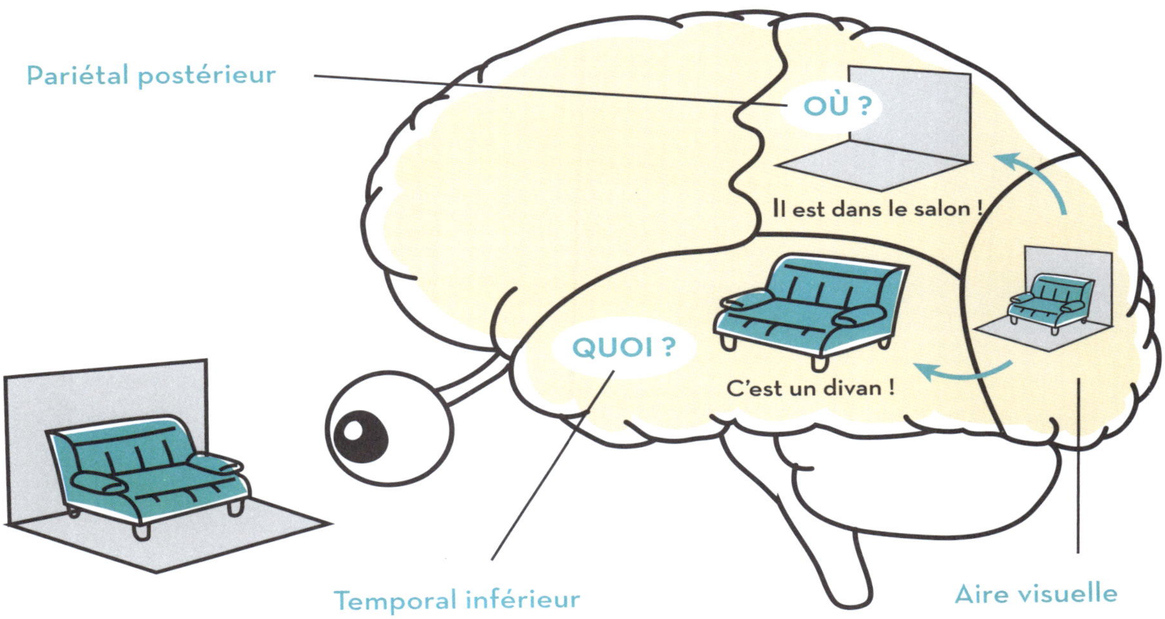

L'interprétation des informations visuelles, comme celles de tous nos sens, ne s'effectue pas dans une zone précise du cerveau, mais par des interactions entre les nouvelles informations enregistrées par les organes des sens et celles stockées dans les différentes zones de notre cortex. Ce sont les circuits d'interprétation connectant différentes aires du cortex cérébral qui nous permettent de donner du sens à ce que nous percevons.

LE CERVEAU CHERCHE À DONNER DU SENS

ILLUSION DE LA FOURCHETTE

Combien de branches cette fourchette a-t-elle ?

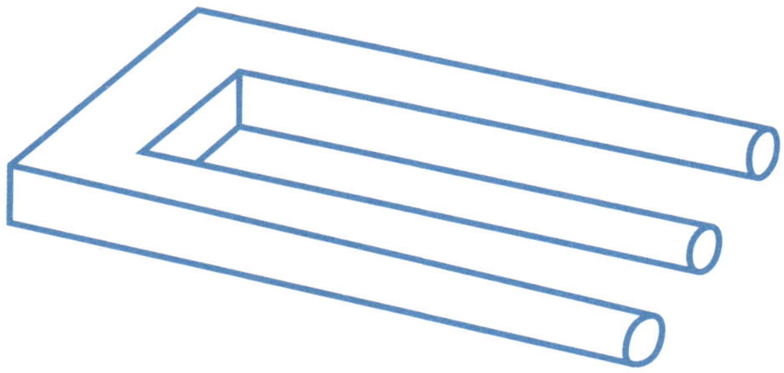

RÉPONSE

Quand votre attention se porte sur les extrémités, vous voyez 3 branches, tandis que lorsque vous vous référez à la base des branches de la fourchette, vous en comptez seulement deux. Votre cerveau compare cette image aux fourchettes qu'il a déjà observées, mais le dessin ne correspond pas à la réalité, les deux lignes reliées au cercle du milieu ne pouvant pas exister physiquement.

ILLUSION DU TRIANGLE DE PENROSE

Observez cet objet en trois dimensions...

EXPLICATION

Ce dessin a été créé par le mathématicien Roger Penrose en 1950. Le plus foncé évoque l'ombre et donne une illusion de volume. En l'observant, notre cerveau le compare à un objet réel formé de trois poutres à section carrée qui seraient montées perpendiculairement pour former un triangle. Le cerveau se rend compte alors que cet objet ne peut pas exister en 3D, mais simplement comme un dessin en 2D.

LE CERVEAU INTERPRÈTE EN FONCTION DE NOS CENTRES D'INTÉRÊT ET DE NOS PRÉOCCUPATIONS

ILLUSION NOIR OU GRIS ?

Que voyez-vous ?

RÉPONSE

Tout dépend de nos centres d'intérêt. Si notre cerveau a déjà étudié des colonnes et se réfère à des formes statiques, il nous fait voir une coupe grise sur fond noir. Si c'est l'approche sensible qui domine, il nous donne la vision de deux visages noirs face à face sur fond gris.

LE CERVEAU OBSERVE ET COMPREND EN FONCTION DU CONTEXTE

ILLUSION DES POUTRES DE BOIS

Combien de poutres de bois voyez-vous ?

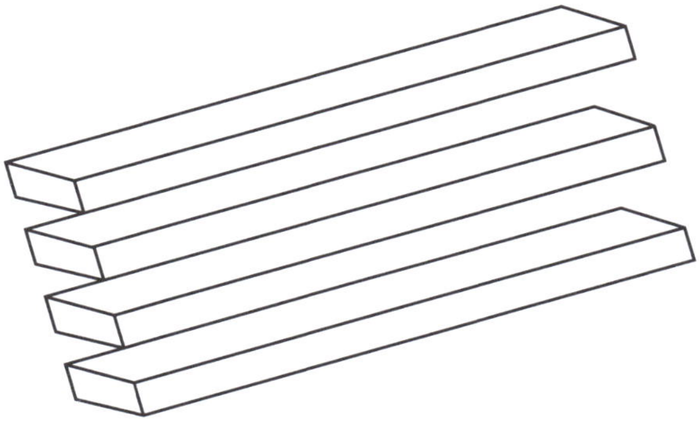

RÉPONSE

Comme « poutres de bois » figure dans la question, votre cerveau recherche ce type d'objet, et donc, selon le côté où il focalise son attention, vous en voyez trois ou quatre. Mais, en réalité, il ne s'agit que d'un dessin inventé pour créer cette illusion.

LE CERVEAU UTILISE LES CONNAISSANCES ACQUISES POUR DONNER DU SENS

TEST DU TRIANGLE INVISIBLE

Combien de triangles voyez-vous ?

RÉPONSE

Vous voyez 2 triangles : un triangle au contour bleu en partie caché par un triangle blanc. Votre cerveau interprète en fonction de ce qu'il connaît déjà. Il perçoit des lignes qui n'existent pas afin de donner du sens à l'image. Il pense que les angles blancs dans les ronds bleus ne sont pas une coïncidence. S'il n'avait jamais vu de triangle, vous n'inventeriez pas ce triangle blanc.

JEU DES 2 TRIANGLES

Ces deux figures géométriques sont composées des mêmes zones colorées. Celles-ci sont simplement déplacées, entre la première et la seconde figure. Et pourtant, un carré manque dans la seconde. Vérifiez...

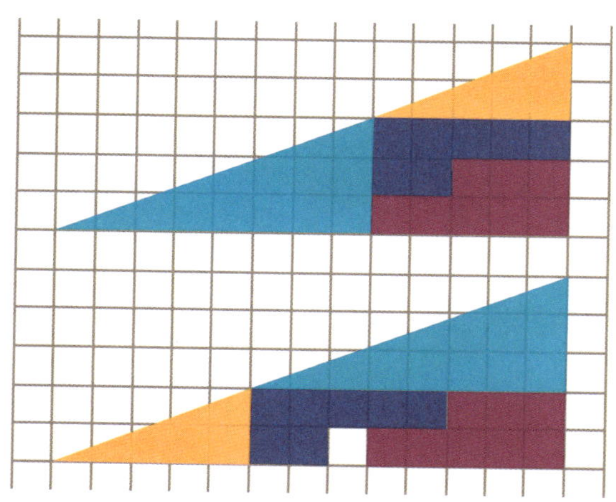

EXPLICATION

Votre cerveau se réfère à ce qu'il connaît, il interprète donc ces dessins comme des figures mathématiques : des triangles. Mais, contrairement à ce que vous pensez voir, ces deux figures ne sont pas des triangles. Prenez une règle et posez-la sur le côté supérieur de ces prétendus triangles. Ce ne sont pas des droites, mais deux segments de droite : dans le schéma du haut, ils descendent au-dessous de la règle, tandis que dans celui du bas, ils passent au-dessus de la règle : la somme des surfaces turquoise et jaune, qui sont en plus ou en moins, est égale à celle du carré blanc manquant. Ce paradoxe du carré manquant est aussi appelé le triangle de Curry.

TEST DE L'AFFICHE

Cherchez l'erreur...

CHERCHEZ ET

ET TROUVEZ L'ERREUR !

A B C D E F G H I

RÉPONSE

L'erreur n'est pas dans la suite de lettres, mais dans la répétition du mot « et ». Influencé par la formulation de la question à l'intérieur du cadre, votre cerveau cherche l'erreur dans ses connaissances relativement à l'ordre alphabétique des lettres, et en oublie de lire avec attention le texte.

Le cerveau interprète en fonction de son apprentissage de la perspective.

TEST DE LA VOIE FERRÉE

Quel est le trait le plus court ?

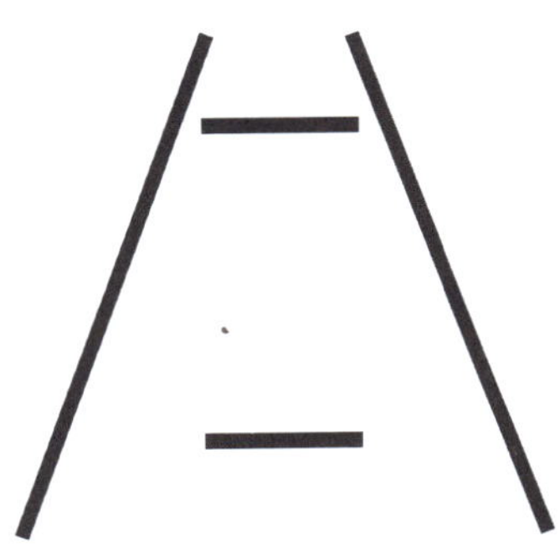

.... RÉPONSE ....

Non, ce n'est pas le trait du bas. Vous constatez tous les jours qu'un objet situé plus loin qu'un autre apparaît plus petit. Votre cerveau a progressivement appris à lire cette perspective : les deux traits obliques donnent l'illusion de voir une route ou une voie ferrée en perspective. Votre cerveau pense donc que le trait du haut est plus éloigné que celui du dessous, et il semble donc plus grand. En réalité, les deux traits horizontaux sont de longueur égale. Vérifiez-le à l'aide d'un double décimètre.

TEST DES FLÈCHES

Quelle est la flèche dont le segment horizontal est le plus long ?

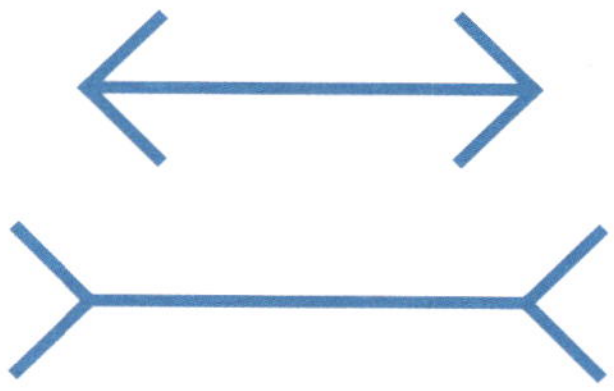

.... RÉPONSE ....

Les deux segments horizontaux sont de même longueur. Mais votre cerveau inclut ces segments dans une vision d'ensemble de la figure et a donc tendance à surestimer la longueur du trait du bas. De plus, la forme et l'orientation des flèches sont interprétées inconsciemment par le cerveau comme des éléments de perspective.

TEST DES LIGNES CROISÉES

Ces lignes sont-elles parallèles ?

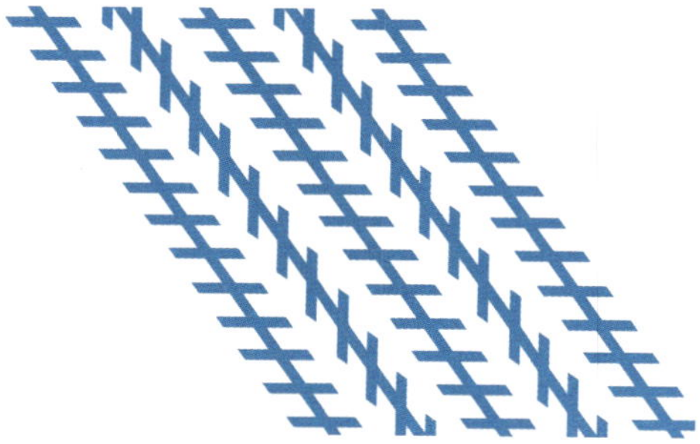

.... RÉPONSE ....

En fait, les cinq lignes bleues sont bien parallèles, mais l'angle des petits traits crée une impression de profondeur, interprétée par votre cerveau comme une perspective.

ILLUSION DE LA LIGNE OBLIQUE

Est-ce la ligne bleue du bas ou celle du haut qui se prolonge en haut à droite ?

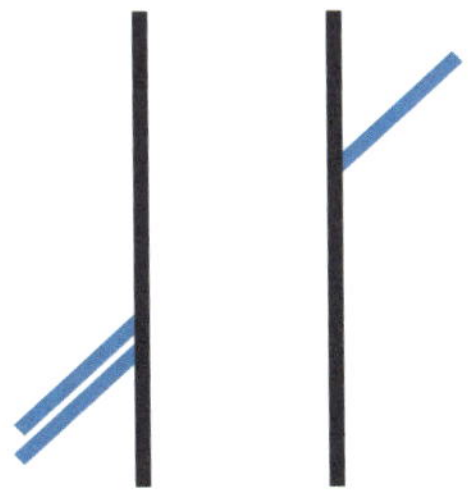

RÉPONSE

Contrairement à ce que vous croyez, c'est la ligne bleue du bas qui est dans le prolongement de celle du haut. Vérifiez-le à l'aide d'une règle... La vision des lignes obliques est perturbée par la bande verticale entre les deux lignes noires, parce que votre cerveau, habitué à traiter la perspective, a tendance à surestimer les angles aigus et à sous-estimer les angles obtus, ce qui décale la perspective de la ligne oblique.

LE CERVEAU INTERPRÈTE EN FONCTION DE L'ENVIRONNEMENT

TEST DU PLUS GROS DISQUE

Lequel des deux disques orange est le plus grand ?

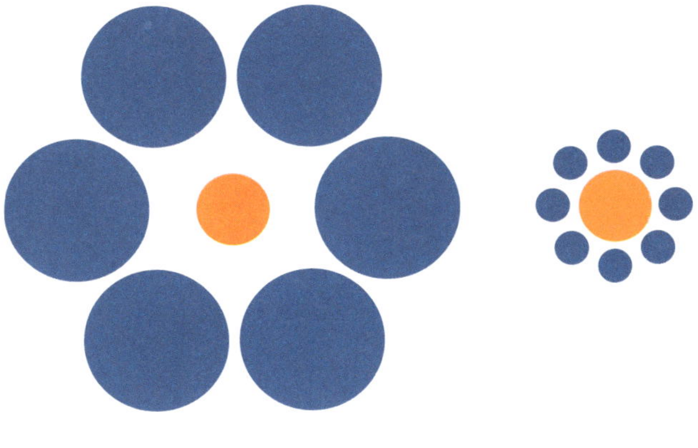

RÉPONSE

Contrairement aux apparences, les deux disques orange ont la même taille. Votre cerveau est influencé par la taille des cercles bleus qui les entourent et en donnent l'échelle. Aussi, il surestime la taille du cercle orange de droite par rapport à celui de gauche.

TEST DES CARRÉS IMBRIQUÉS

Lequel des deux carrés gris du centre est le plus sombre ?

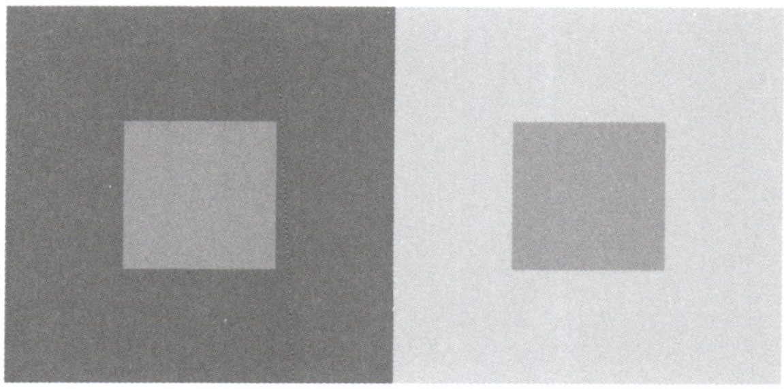

RÉPONSE

Votre cerveau estime la teinte d'un objet en fonction de ce qui se trouve autour. Il amplifie les contrastes pour mieux distinguer cet objet. Aussi, le petit carré de gauche semble plus clair, parce qu'il est entouré de sombre. C'est l'inverse pour celui de droite. Mais, en réalité, les deux carrés du centre sont du même gris. Vérifiez-le en cachant le contour des petits carrés avec une feuille de papier découpée.

ILLUSION DU MUR DE CAFÉ

Les lignes sont-elles parallèles ou inclinées ?

RÉPONSE

Les distances entre les lignes horizontales sont égales : les lignes sont parallèles. C'est la position légèrement décalée des carreaux noirs au niveau de chaque rang qui crée cette illusion dite « du mur de café ».

TEST DES SPIRALES

Combien voyez-vous de spirales ?

RÉPONSE

En réalité, il n'y a aucune spirale, mais des cercles concentriques... Vérifiez-le en les suivant avec le doigt ! Mais votre cerveau est trompé par l'environnement des damiers de couleur qui divergent en tournant comme un début de spirale. Cette spirale a été créée par James Fraser en 1908.

LE CERVEAU DONNE DU SENS EN FONCTION DE CE QU'IL CONNAÎT

JEU DES MIMIQUES

Associez le qualificatif correspondant à chacune des expressions sur les visages numérotés de 1 à 6 : joie, étonnement, tristesse, surprise, colère, dégoût.

1

2

3

4

5

6

RÉPONSE

1 : surprise.
2 : joie.
3 : étonnement.
4 : colère.
5 : dégoût.
6 : tristesse.

Votre cerveau est capable de reconnaître certaines émotions sur les visages, car ces expressions sont universelles et trahissent nos sentiments.

JEU DES MIMES À LA CHAÎNE

Lors d'une soirée entre amis, constituez plusieurs équipes de quatre personnes, dont trois devront mimer, chacune à leur tour, le métier ou l'expression proposés. Les derniers membres de chaque équipe sortent de la pièce avant le début du mime des deux premiers. Ils reviennent l'un après l'autre pour voir le mime du précédent. On donne le sujet, écrit sur un petit papier, au premier en lui demandant de le mimer. Il est interdit de prononcer le moindre mot ou son. Les autres spectateurs ne connaissent le sujet mimé qu'à la fin de la séquence ou essaient de le deviner si le quatrième de l'équipe ne le trouve pas.

Suggestions de métiers à mimer :

grutier, coiffeur, archéologue, médecin, styliste, bûcheron, berger, pêcheur, fleuriste, garagiste, architecte, dentiste, toiletteur, ébéniste, maître-nageur, designer, géologue, détective, pilote, océanologue

Suggestions d'expressions à mimer :

tomber dans les pommes, un froid de canard, mettre son grain de sel, vouloir le beurre et l'argent du beurre, avoir les yeux plus gros que le ventre, être sage comme une image, se prendre un râteau, mettre la main à la pâte, pisser dans un violon, la poule aux œufs d'or, donner sa langue au chat, tirer le diable par la queue, rouler des yeux de merlan frit, donner de la confiture à un cochon, pleurer comme une madeleine, la bave du crapaud n'atteint pas la blanche colombe, raconter des salades, copains comme cochons, mentir comme un arracheur de dents

EXPLICATION

Ce jeu de mime à la chaîne est très amusant à tout âge, car le cerveau nous permet de reproduire les mimes d'actions ou d'expressions que l'on connaît déjà bien. Si l'action ou l'expression ne lui est pas familière, le cerveau a des difficultés à reconnaître ce dont il s'agit, puis il en a encore plus à reproduire ce qu'il vient d'observer. L'alternance de métiers courants et d'autres qui le sont moins rend le jeu amusant et entraîne des déformations importantes d'un joueur à l'autre.

LE CERVEAU INTERPRÈTE EN FONCTION DE SON EXPÉRIENCE

JEU DU MOUVEMENT PERPÉTUEL

Cet inventeur pense avoir inventé un système capable de faire tourner son moulin en permanence. Qu'en pensez-vous ?

RÉPONSE

Votre œil repère la cascade qui fait tourner le moulin et suit le canal qui l'alimente... Le canal où coule l'eau semble être horizontal, ce qui n'est pas compatible avec la même cascade à l'autre bout. En se référant à son expérience sur l'écoulement des fluides, votre cerveau ne sait plus interpréter, parce que le circuit d'eau dessiné n'est pas conforme à votre savoir sur l'écoulement de l'eau. Cette image a été conçue pour déclencher notre incompréhension.

TEST DES ALIMENTS AUX FAUSSES COULEURS

Avez-vous envie de manger cette fraise ?

RÉPONSE

Vous n'avez probablement pas très envie de la manger. En effet, le cerveau associe les informations de la vision à celles des capteurs du goût et de l'odorat pour exprimer le goût des aliments et nous donner ou pas de l'appétit. Il privilégie ce qu'il connaît déjà et prend plus de plaisir s'il pense que c'est bon, en fonction de ses expériences passées.

LA MÉMOIRE

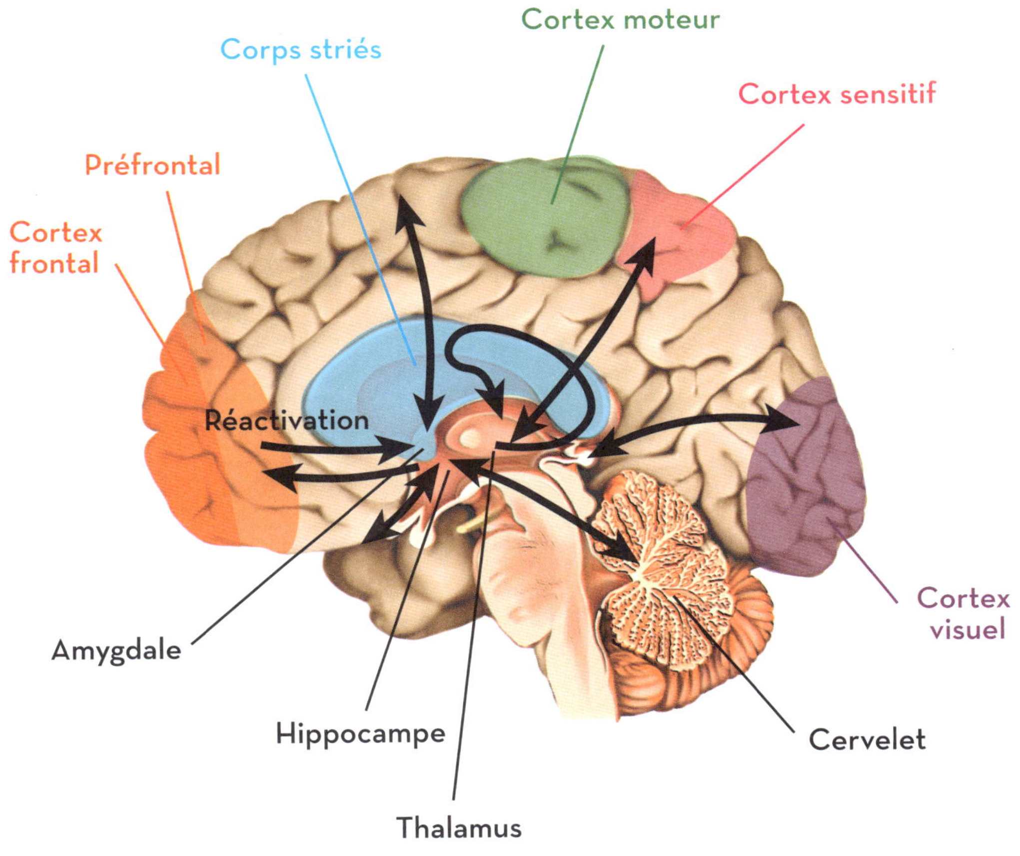

La mise en mémoire des informations commence par faire intervenir toutes les zones du cortex où elles sont analysées. Le système limbique et, en particulier, l'hippocampe, jouent un rôle essentiel en créant des liens entre tous les éléments. L'hippocampe est utilisé par la mémoire de travail (aussi appelée mémoire à court terme) et surtout comme lien entre les informations mémorisées dans les différentes aires corticales et utilisées pour la mémoire à long terme. Pour chaque information mémorisée, il crée un maillage unique entre tous les éléments enregistrés.

Seule la répétition réalisée par un aller-retour fréquent entre mémoire de travail et mémoire à long terme crée le souvenir constamment reconstruit. Mais l'oubli est un facteur primordial pour la mémorisation, car notre cerveau ne pourrait pas enregistrer la totalité des informations captées en permanence par les organes de nos sens.

La restitution de l'information mémorisée commence par l'activation du cortex frontal, qui envoie une requête à l'hippocampe. Ce dernier sonde les différentes zones de la mémoire et fait remonter les informations.

Selon les types de mémoire, les zones concernées sont différentes. Le cortex préfrontal joue un rôle important pour les tâches demandant de l'attention ou de la concentration, mais toutes les aires du cerveau sont concernées également. Le lobe temporal est utilisé pour la mémorisation des événements vécus. Les pratiques et les habitudes sont mémorisées dans les corps striés au centre du cerveau, la mémoire des automatismes dans le cervelet.

La mémoire est associative, donc plus il y a d'éléments que l'on peut mettre en rapport avec l'information enregistrée, plus la mémorisation en est importante. Pour se remémorer une information, il faut aussi reconstruire ces circuits neuronaux, donc associer différents éléments concernant l'information mémorisée.

Mémoire et émotion sont intimement liées ; l'amygdale au centre du cerveau joue un rôle fondamental, car elle constitue la porte d'entrée du circuit de mémoire des émotions (voir page 115).

1. LA MÉMOIRE DE TRAVAIL

La mémoire de travail permet de conserver l'information pendant quelques dizaines de secondes, le temps de retenir la phrase qu'on vient de lire pour faire le lien avec la suivante. C'est aussi elle qui nous permet de composer le numéro de téléphone que nous venons de lire. L'information tourne dans des circuits neuronaux, mais ne s'y enregistre pas.

La mémoire de travail ne stocke que 7 éléments

JEU DE MÉMORISATION D'UN NUMÉRO DE TÉLÉPHONE

Lisez ce numéro de téléphone étranger, puis masquez-le et essayez de vous en souvenir : 12 4 71 53 36 04 19 27

RÉSULTAT

Il vous est impossible de mémoriser ce numéro si vous le lisez comme il est présenté, par séries de un ou deux chiffres, car votre mémoire immédiate, ou mémoire de travail, ne peut retenir en moyenne que 7 éléments au maximum (de 5 à 9).

Par contre, si vous regroupez les chiffres par séries de trois, vous n'en aurez que 5, ce qui est plus facile à mémoriser.

Essayez : 124 715 336 041 927.

Si vous n'y arrivez pas, ne vous inquiétez pas car, pour réussir, il faut une mémoire bien entraînée. Recommencez avec un numéro français présenté traditionnellement par couples de deux chiffres, qui ne se compose que de 5 éléments. Amusez-vous à le découper par séries de 3 chiffres, c'est encore plus facile à retenir.

JEU DE MÉMORISATION DE FORMES ET DE COULEURS

Observez cette frise pendant 30 secondes, puis masquez-la avec une feuille de papier sur laquelle vous dessinerez les formes et couleurs mémorisées.

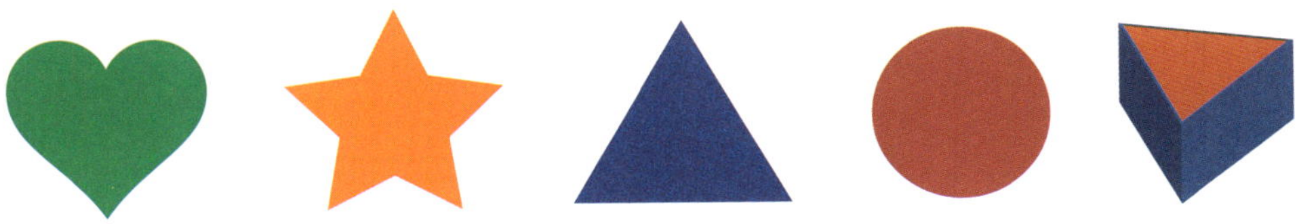

RÉSULTAT

De quelle couleur est l'étoile ? Combien de formes avez-vous listées ? Les avez-vous placées dans le bon ordre ? Avez-vous positionné chaque couleur sur la forme correspondante ?

Si vous n'avez pas réussi, c'est parce que vous avez mémorisé séparément les formes et les couleurs, donc plus de 7 éléments. Par contre, si vous avez mémorisé ensemble forme et couleur, vous avez pu réussir.

Votre concentration au moment du jeu est fondamentale, car l'attention et la réflexion sont indispensables pour mémoriser.

2. LA MÉMOIRE À LONG TERME

La mémoire à long terme comprend à la fois les faits récents, dont le souvenir est encore très fragile, et les informations plus anciennes, dont le souvenir est consolidé et dont la durée de mémorisation est illimitée dans le temps. Cette mémoire à long terme est stockée dans le cerveau sous forme de cartes cognitives. Ce sont des routes neuronales où circule l'information, avec la mise en circuit de nombreuses synapses entre les cellules nerveuses et les neurones. Chaque information est mémorisée par la création d'un circuit neuronal spécifique. L'activation répétée de ces réseaux permet de renforcer les connexions, donc de consolider les souvenirs. C'est ce qu'on nomme la plasticité synaptique. On assiste à la création de nouveaux circuits, de nouvelles synapses et même de nouveaux neurones dans l'hippocampe. Cette activation est surtout réalisée inconsciemment, pendant la phase de sommeil paradoxal, donc de rêve. Elle permet la consolidation de la mémoire. La non-utilisation de ces circuits conduit à leur abandon et à l'oubli de l'information.

La mémoire sémantique stocke les connaissances générales et permet la maîtrise du langage

La mémoire sémantique concerne d'abord la langue ou les langues connues, le vocabulaire et le sens des mots, les règles de construction des phrases, la grammaire, les opérations mathématiques, la table de multiplication, le Code de la route… Elle correspond aussi aux connaissances sur soi et notre histoire personnelle, à nos connaissances du monde (géographie, histoire, politique, nature, milieu professionnel). C'est la mémoire des connaissances et du savoir. Elle est indépendante du contexte dans lequel ces acquisitions ont été réalisées et est peu touchée par les amnésies. Elle met en jeu des réseaux de neurones situés dans toutes les régions du cerveau et en particulier dans les lobes temporaux du cortex. En particulier pour ce qui concerne le langage, elle correspond à l'aire de Wernicke, située dans le lobe temporal gauche du cerveau. La reconnaissance de la musique et des voix, quant à elle, s'effectue dans le lobe temporal droit.

JEU DES SYNONYMES

Dans ces phrases, remplacez chaque mot souligné par un synonyme :

« La conscience du lexique est un des pivots de la mémoire lexicologique. Si vous avez découvert promptement les mots équivalents, votre réserve de mots en mémoire est énorme, ainsi que votre aptitude à prendre en compte le sens des termes. »

RÉPONSE

Si vous avez trouvé tous les synonymes, votre mémoire sémantique lexicale est très développée. Si vous en avez trouvé rapidement la moitié, elle est très correcte. Vous pouvez avoir utilisé les synonymes indiqués dans le texte suivant, mais pour certains mots, il y a beaucoup d'autres possibilités, au sens plus ou moins proche de celui du mot remplacé.

« La connaissance du vocabulaire est un des piliers de la mémoire sémantique. Si vous avez trouvé rapidement les mots synonymes, votre stock de vocabulaire en mémoire est important, ainsi que votre capacité à prendre en compte la signification des mots. »

JEU DES EXPRESSIONS CÉLÈBRES

Complétez les expressions suivantes :

Donner sa langue...

En avoir gros sur...

Chercher midi...

Apporter de l'eau à...

Pierre qui roule...

Prendre des vessies pour...

RÉPONSE

... au chat.

... la patate.

... à 14 heures.

... son moulin.

... n'amasse pas mousse.

... des lanternes.

Pour compléter des expressions connues, on fait appel à la mémoire sémantique, qui correspond au sens des mots.

La mémoire épisodique enregistre les événements vécus dans leur contexte

La mémoire épisodique correspond aux souvenirs des moments passés, mais elle permet aussi de prévoir ce que nous allons faire dans le futur. Cette mémoire enregistre l'information en même temps que le contexte dans lequel elle a été enregistrée. La charge émotionnelle liée à cette information mémorisée est donc très importante. Ces souvenirs sont généralement rapidement oubliés, mais certains peuvent ensuite se transformer en connaissances générales. La mémoire épisodique implique les circuits neuronaux de l'hippocampe et de la face interne des lobes temporaux.

JEU DE RAPPEL DE SES SOUVENIRS RÉCENTS

Quels sont les noms des 4 dernières personnes auxquelles vous avez parlé ?

Qu'avez-vous mangé ce midi ?... avant-hier soir ?... au dernier réveillon ?

Quels sont les films que vous avez vus la semaine dernière ?... durant ce mois-ci ?

.... RÉPONSE ....

La mémoire épisodique permet de se rappeler des faits que nous allons probablement oublier dans les jours qui viennent : ce que nous avons fait hier, nos rendez-vous à venir, le dernier film que nous avons vu et celui que nous voulons aller voir... Le cerveau fait le tri en permanence afin de ne pas encombrer notre mémoire.

Vous pouvez vous remémorer ces éléments plus ou moins facilement selon l'environnement émotionnel qui y est lié. Par exemple, vous vous souvenez plus facilement de rencontres avec des gens que vous aimez ou détestez, du repas du réveillon plutôt que celui d'avant-hier, d'un film qui vous a touché émotionnellement.

JEU DES SOUVENIRS D'ENFANCE

Remémorez-vous 5 souvenirs d'enfance...

.... RÉPONSE ....

Cette réponse vous est spécifique, souvent marquée par des souvenirs à fort coefficient émotionnel, puisqu'ils remontent facilement dans votre esprit. Ils appartiennent à la mémoire à long terme épisodique, donc à votre expérience personnelle.

Comme toutes les formes de mémoire à long terme, ces informations sont stockées sous forme de circuits neuronaux passant par l'hippocampe et dans la face interne des lobes temporaux. Mais ces circuits disparaissent s'ils ne sont pas utilisés.

Pourtant, parfois des souvenirs que l'on croit oubliés peuvent revenir à la mémoire à partir d'un détail, d'une odeur, d'un bruit...

La mémoire verbale permet de retenir un texte, une suite de mots

La mémoire verbale utilise les deux hémisphères du cerveau, mais principalement le gauche. La mémorisation s'effectue en se répétant mentalement les informations verbales pour les analyser lorsqu'on lit un texte ou qu'on écoute des phrases.

JEU DE LA GRILLE DE MOTS

Vous avez 30 secondes pour mémoriser ces 10 mots et leur emplacement :

mimosa		navire	table
	albatros		philosophie
constitution		chat	
information	Neptune		radis

Maintenant, cachez la grille précédente et essayez d'écrire chaque mot au bon endroit dans cette grille identique :

RÉSULTAT

Si vous avez récrit tous les mots, vous avez une bonne mémoire verbale. Si vous les avez replacés correctement dans la grille, vous avez en plus une bonne mémoire visuelle. La mémoire visuelle est dépendante de vos capacités d'attention, car elle oblige à une analyse constante de l'environnement. Si vous avez fait un sans-faute à ce test, vos deux hémisphères cérébraux sont bien coordonnés pour la mémorisation.

La mémoire visuelle permet de retenir des images, schémas et textes que l'on a photographiés dans son cerveau

La mémoire visuelle passe par les zones de traitement visuel situées à l'arrière et sur le côté droit du cerveau. Celles-ci permettent d'évoquer des images mentales.

TEST AVEZ-VOUS UNE BONNE MÉMOIRE VISUELLE ?

Observez ces dessins pendant 30 secondes, puis cachez-les sous une feuille de papier et redessinez-les.

RÉSULTAT

Si vous avez retrouvé les 5 figures, votre mémoire visuelle est bien développée. En effet, comme ces formes sont abstraites, on ne peut pas les nommer, donc seule une bonne mémorisation des détails géométriques peut permettre de les retrouver.

JEU DES SOUVENIRS D'ÉCOLE

Lors d'un examen, vous est-il arrivé d'avoir répondu à la question :

- **en ayant visualisé les pages du livre ou de votre cahier ?**
- **en vous remémorant le moment où le professeur vous a donné l'information ?**
- **en vous remémorant le moment où vous avez révisé ?**

RÉSULTAT

Dans tous les cas, vous vous êtes souvenu de la réponse en vous remémorant des éléments annexes à l'information recherchée. En effet, lorsqu'on apprend, notre cerveau retient aussi le contexte. Notre mémoire est contextuelle. Si votre mémoire visuelle est prépondérante, il vous est peut-être arrivé lors d'un contrôle, à l'école, de vous sentir bloqué parce que vous n'arriviez pas à tourner la page des images mémorisées que vous visualisiez.

La mémoire des visages est une forme particulière de la mémoire visuelle

Tout le monde n'a pas la même capacité à reconnaître les visages. Le lobe temporal droit du cerveau les scanne en une fraction de seconde. Il permet ensuite de les reconnaître. L'apparence du visage est importante, car elle est prise en compte par le centre de l'empathie : le souvenir d'un visage est d'autant plus fort que l'émotion qu'il vous procure est grande.

JEU AVEZ-VOUS LA MÉMOIRE DES VISAGES ?

Observez pendant 30 secondes ces 8 visages, puis cachez-les :

A

B

C

D

E

F

Maintenant, observez ces visages. Quelle est la personne manquante ? Quelle est la personne nouvelle ?

1

2

3

4

5

6

RÉPONSE

La personne manquante est la F et la personne nouvelle est la 2. Certains d'entre vous ont facilement trouvé le visage manquant et le nouveau visage ; d'autres ont besoin de plus de temps, voire de comparer les deux planches de photos pour trouver la réponse.

Les mémoires olfactive et gustative peuvent aussi permettre de retrouver des événements

Cette mémoire s'appuie sur l'aire gustative située sur le côté gauche du cortex et sur la zone olfactive médiane. L'aire olfactive est au contact et associée avec le système limbique, qui joue un rôle important dans les émotions et toutes les formes de mémoire.

TEST DES ODEURS

Vous avez certainement déjà senti des odeurs qui vous ont rappelé un repas, une personne ou un lieu particulier. Essayez de vous rappeler des événements en étant dans votre cuisine ou en sentant un parfum.

EXPLICATION

Nous sommes tous différents par rapport à cette mémoire olfactive et gustative. Elle est très développée chez les enfants, car la maturation du cerveau commence par ces zones dès le stade du fœtus dans le ventre de la mère. Mais cette mémoire s'éduque et peut être considérablement développée chez les œnologues, les goûteurs d'eau, les nez (qui élaborent les parfums) et les cuisiniers.

La mémoire auditive met en mémoire les sons des mots et la musique

Cette mémoire met en jeu l'aire auditive associative située dans la partie supérieure du lobe temporal du cerveau, au-dessus des oreilles.

JEU ARRÊTEZ LA MUSIQUE

Réalisez ce jeu avec de la musique enregistrée ou en streaming. Vous pouvez jouer tout seul, mais c'est une excellente animation de soirée entre amis. Diffusez la musique. Arrêtez-la au bout de 3 secondes et faites dire le titre du morceau ou de la chanson le plus rapidement possible. Si personne ne l'a trouvé, prolongez l'écoute.

RÉSULTAT

Parmi vos amis, certains vont se distinguer, pas forcément les mêmes selon qu'il s'agit de musique classique ou d'opéra ou bien de variété.

Une variante du jeu consiste à demander à la personne qui pense avoir trouvé le titre de chantonner la suite du morceau ou de la chanson. Ce jeu révèle ceux qui ont une bonne mémoire musicale, surtout ceux qui reconnaissent un morceau dès les premières notes.

La mémoire kinesthésique passe par la sensibilité tactile et tout le corps

TEST MÉMOIRE D'APPRENTISSAGE

Avez-vous eu des difficultés à apprendre auprès de professeurs qui ne faisaient que parler ou écrire au tableau ?

EXPLICATION

Si oui, vous avez besoin de bouger, de toucher, de manipuler, de ressentir le contact avec les objets : votre mémoire kinesthésique est développée. Vous avez mieux mémorisé lorsque les professeurs vous faisaient manipuler ou lorsque vous avez révisé en rédigeant des fiches que vous avez ensuite reclassées vous-même. Vous avez sans doute mieux réussi dans des disciplines pratiques ou artistiques ou bien expérimentales. Cette mémoire met en jeu l'hippocampe en liaison avec la zone latérale des aires sensitives et motrices du cortex cérébral. Elle est plus développée du côté opposé à votre main dominante : à gauche si vous êtes droitier et à droite si vous êtes gaucher.

La mémoire procédurale des savoir-faire et des habiletés motrices

La mémoire procédurale est celle des savoir-faire, des comportements que nous avons acquis, mais que, depuis, notre cerveau effectue de façon automatique et implicite, donc inconsciemment : marcher, jouer du piano, enfiler des vêtements, faire du vélo, conduire une voiture, ou simplement se servir d'une fourchette ou d'un outil. Les processus mémorisés sont mis en œuvre de façon inconsciente, donc automatiquement. La mémoire procédurale est pilotée par des procédures de régulation enregistrées dans notre cervelet. Elle utilise des réseaux neuronaux du cervelet et des corps striés au centre du cerveau. Ces réseaux ne passent plus par le cortex frontal.

JEU DU VÉLO

Pouvez-vous expliquer tous les éléments à prendre en compte pour conserver l'équilibre lorsque vous montez sur un vélo ? Pouvez-vous expliquer point par point tous les gestes à effectuer pour démarrer votre voiture et rouler jusqu'au prochain carrefour ? Essayez de le faire devant des amis, qui pourront compléter vos oublis…

EXPLICATION

Ce jeu permet d'essayer d'expliciter les composantes de la mémoire procédurale. Quand vous conduisez, vous vous concentrez sur la route sans avoir besoin de penser aux mouvements des pieds sur les pédales et des mains sur le volant. Pour faire du vélo, les réglages de la position de notre corps pour conserver l'équilibre s'effectuent inconsciemment. La mémoire procédurale intègre aussi nos apprentissages, nos compétences professionnelles. Cette mémoire est non déclarative, car elle concerne des apprentissages que nous utilisons sans en avoir conscience.

Votre mémoire dominante est-elle visuelle, verbale, olfactive ou kinesthésique ?

TEST QUEL TYPE DE MÉMOIRE AVEZ-VOUS ?

Cochez la réponse qui correspond à votre vécu (ou deux réponses, si cela s'impose) :

Si vous pensez à un livre que vous avez lu :

A. vous revoyez les pages et les images ;
B. vous vous souvenez de l'odeur ;
C. vous vous écoutez le lire ;
I. vous vous souvenez de certaines phrases.

Si vous pensez à la mer, vous imaginez d'abord :

E. le paysage ;
D. le plaisir de vous plonger dans l'eau ;
G. l'odeur de la mer ou du sable chaud ;
F. le bruit des vagues.

Lors de votre dernier repas au restaurant, vous vous souvenez :

G. du goût de ce dessert que vous avez tant apprécié ;
E. du décor de la salle ;
L. de ce que vous a dit votre voisine ;
F. du bruit qui vous empêchait de bien comprendre ce qu'on vous racontait.

Si vous avez envie d'une fraise, vous imaginez :

A. sa forme et sa couleur ;
H. la texture de sa chair ;
B. son parfum ;
C. le craquement sous vos dents.

Pour effectuer l'addition 5+3 :

D. vous comptez sur vos doigts ;
C. vous comptez à voix haute ;
E. vous visualisez l'addition dans votre tête.

Pour vous souvenir de l'orthographe d'un mot dont vous doutez :

A. vous le voyez dans votre tête ;
L. vous l'écrivez ;
C. vous l'épelez.

Parmi vos souvenirs d'enfance, le plus agréable était :

E. faire de la peinture :
D. malaxer de la pâte à modeler ;
C. jouer de la musique ;
L. lire des livres ;
D. faire du sport.

Noël évoque pour vous :

D. le plaisir de déballer des cadeaux ;
F. les chants de Noël ;
E. des guirlandes lumineuses.

Souvenez-vous de la dernière revue que vous avez lue :

A. vous revoyez les images dans votre tête ;
I. vous vous souvenez de certains titres d'articles et de certaines phrases ;
D. vous vous remémorez le plaisir de la feuilleter.

Souvenez-vous du dernier spectacle musical que vous avez vu :

A. vous revoyez la gestuelle et les danses ;
C. vous fredonnez la musique ;
I. vous fredonnez les paroles.

RÉSULTATS

Faites le total de vos réponses en additionnant A+E, puis B+G, puis C+F, puis D+H, puis I+L.

- **Majorité de A+E :** vous avez une mémoire surtout visuelle, vous êtes attiré par les images, vous visualisez ou dessinez les éléments pour les retenir.

- **Majorité de C+F :** votre mémoire est surtout auditive, vous avez une tendance à chuchoter pour comprendre et vous souvenir d'une question, vous aimez la musique.

- **Majorité de I+L :** votre mémoire verbale est prédominante, vous aimez la musique des mots.

- **Majorité de D+H :** votre mémoire kinesthésique est importante, vous avez besoin de manipuler, de bouger ou d'écrire ce dont vous voulez vous souvenir.

- **Si vous comptez 3 ou 4 réponses B+G :** votre mémoire olfactive et sensuelle est plus développée que chez nombre de vos amis.

Dans tous les cas, même s'il existe une dominante très nette qu'il faut mettre à profit pour mieux mémoriser, la richesse de notre mémoire est toujours multifactorielle, et il est bon de stimuler les autres composantes.

3. LES PROCESSUS DE MÉMORISATION

La mémorisation est un processus actif qui consiste à établir des liens au niveau des neurones de notre cerveau, mais aussi entre les différentes composantes de l'information à mémoriser, et aussi du contexte dans lequel on l'enregistre.

Pour mémoriser, le cerveau crée des liens entre les nouvelles informations et les anciennes déjà en mémoire, entre des informations perçues en même temps, qu'elles soient visuelles, verbales, auditives ou kinesthésiques.

L'attention est indispensable pour mémoriser car le cerveau ne peut se concentrer que sur une chose à la fois. De plus, l'émotion peut jouer un rôle capital dans la mémorisation (voir page 115).

Enfin, il n'y a mémorisation que si l'information mémorisée est réactivée régulièrement, que ce soit consciemment ou inconsciemment pendant le sommeil.

L'attention est indispensable à la mémorisation

Le cerveau ne peut pas enregistrer les innombrables informations (visuelles, auditives, olfactives, tactiles...) qui l'assaillent en permanence, sans que nous en soyons conscients. Le cerveau doit donc choisir les informations à retenir et éliminer immédiatement les autres. Le lobe frontal du cortex déclenche l'attention, et le thalamus permet de se concentrer sur un élément à la fois, afin de se donner des chances de le retenir.

JEU DE CALCUL

Faites rapidement ces additions sans modifier l'ordre des opérations :

1 000
+60
+1 000
+20
+1 000
+10
+1 000
+10

RÉPONSE

Dans ce test, on détourne l'attention par une suite d'additions dont le résultat augmente à chaque fois au millier suivant, si bien que la majorité des gens trouvent 5 000 comme résultat. Ils subissent une oblitération de la mémoire et se font piéger par le +10, qui donne en réalité un résultat de 4 100. Vérifiez-le en posant l'addition globale.

JEU DÉTOURNER L'ATTENTION POUR TROMPER LA MÉMOIRE

Vous pouvez réaliser ce tour de magie avec un jeu de cartes pour surprendre vos amis ou jouer directement sur ce livre. Cachez la seconde série de cartes sans l'avoir regardée. Choisissez une carte parmi ces 6 cartes et mémorisez-la :

Maintenant, cachez ces 6 cartes. Je retire celle que vous avez choisie...

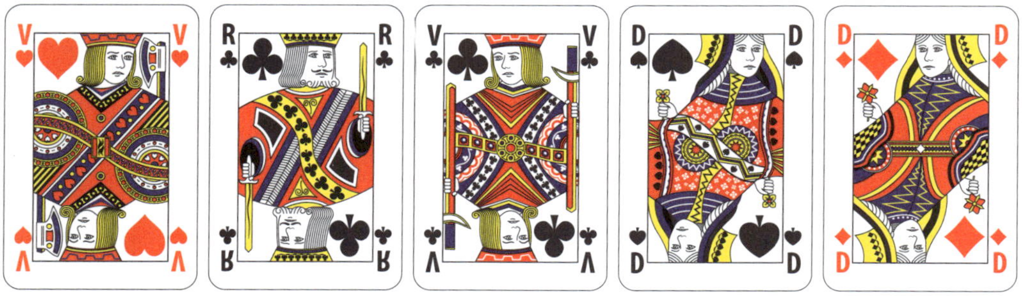

La carte que vous aviez choisie a bel et bien disparu, mais pourquoi ?

Répondez sans regarder la première série de cartes.

RÉPONSE

Les 5 nouvelles cartes ne faisaient pas partie de la première sélection présentée, la carte que vous aviez choisie ne peut donc pas non plus en faire partie. Comme de nombreux tours de magie, celui-ci fait appel au détournement de l'attention pour tromper la mémoire. La proposition a sollicité la mémorisation par notre cerveau d'une seule carte, et non de toutes, il a donc été facile de vous duper.

Nous mémorisons en fonction de nos centres d'intérêt ou de nos préoccupations

JEU DE LA DESCRIPTION D'UN LIEU

Demandez à plusieurs personnes de professions différentes d'observer le lieu où elles se trouvent. Puis rendez-vous dans une autre pièce et demandez-leur de décrire par écrit la pièce quittée.

EXPLICATION

Notre cerveau guide notre regard en fonction de nos centres d'intérêt. Aussi, la mémorisation d'un même lieu peut être très différente d'un individu à l'autre, certains étant plus sensibles au décor, d'autres à la convivialité, aux personnes, aux ambiances, à la sécurité...

La mémorisation est contextuelle

JEU DE RECONNAISSANCE

Ouvrez la page 24 de ce livre. Regardez-la pendant 10 secondes, puis refermez-la.

Attendez demain ou d'avoir fini de lire ce chapitre sur la mémoire pour essayer de vous souvenir de la page en question.

De quoi vous souvenez-vous en premier ? du titre ? de l'image ? de la position de celle-ci dans la page ? À partir de l'un de ces éléments, vous allez pouvoir progressivement vous souvenir de ce qu'il y avait sur cette page.

EXPLICATION

Notre mémoire est contextuelle, c'est-à-dire qu'elle enregistre tous les éléments présents au moment de la mémorisation : le lieu, l'odeur, les bruits, l'éclairage, les personnes… Certaines de ces informations ont été mémorisées en divers endroits de notre cerveau mais sont restées liées entre elles. Tous ces éléments peuvent être des indices récupérateurs. Si vous avez un trou de mémoire, un seul de ces indices suffit pour retrouver le fil de l'histoire ; en effet, il réactive le circuit correspondant au niveau de l'hippocampe.

Pour mémoriser une multiplicité d'informations, il faut les catégoriser

JEU DE LA LISTE DE MOTS

Essayez de retenir ces mots après les avoir lus :

cake, boudoirs, gaufrettes, marrons, chocolat, bonbons, tarte aux pommes, farine, jus d'orange, sucre, pistache, pâtisserie, cerise, chausson aux pommes, pain

Maintenant, cachez cette liste et lisez la suivante. Pour chaque mot de cette seconde liste, indiquez s'il était dans la première liste :

bonbon, gaufrettes, sucre, voiture, fraise, pomme, chocolat, gâteau, tarte aux pommes, farine, jus d'ananas, pâtes, chausson aux pommes

.... RÉPONSE ....

Dans ce jeu, tout le monde exclut la voiture, car elle ne fait pas partie des mots de la liste que nous avons catégorisée dans notre mémoire dans une rubrique « aliments ». Par ailleurs, nombre de gens disent que le mot « gâteau » fait partie de la liste initiale, ce qui est faux ; mais on trouve sur cette liste plusieurs gâteaux : pâtisserie, cake, gaufrettes, tarte aux pommes, etc. Cette réponse prouve que le cerveau n'a pas retenu que les mots, mais qu'il les a catégorisés comme étant des gâteaux. La mémoire procède spontanément par association et catégorisation, c'est la raison de cette erreur.

Nous mémorisons mieux si nous utilisons nos propres modalités de mémorisation

Selon que nous avons une bonne mémoire visuelle ou une bonne mémoire auditive, nous allons mieux enregistrer certaines informations. Ainsi, nous apprendrons mieux à partir de schémas si nous avons une bonne mémoire visuelle, tandis que nous mémoriserons mieux les textes si notre mémoire auditive est plus performante et que nous nous lisons ces textes mentalement.

JEU DE MÉMORISATION D'UN TEXTE

Lisez le texte qui suit en essayant de visualiser dans votre tête le dessin décrit. Dès que vous l'avez lu, masquez le texte et dessinez la figure sur une feuille de papier.

Imaginez un carré et ses deux diagonales. Il est inclus dans un cercle. Le cercle est au sommet d'un triangle isocèle divisé en deux par une ligne verticale. Le côté gauche est ponctué de petites étoiles et le côté droit est noirci.

.... EXPLICATION ....

Si vous avez une bonne mémoire visuelle, vous réussissez très facilement, car vous avez mémorisé le dessin dans son ensemble dès votre lecture du texte. Par contre, si vous avez une bonne mémoire verbale ou auditive, si vous avez lu à voix basse les mots, vous avez enregistré les éléments un par un : pas facile, car notre mémoire à court terme ne peut mémoriser que 7 éléments au maximum ; mais pas impossible, car le texte liste justement 7 éléments.

Notre mémoire n'est pas multitâche

JEU DU PERTURBATEUR

Répétez la liste de chiffres suivante : 3, 5, 9, 7, 1, 8, 2

Elle se compose de 7 chiffres, et comme votre mémoire de travail a 7 cases, vous devriez vous en souvenir.

Maintenant, combien font 32+17 ?

Pouvez-vous redonner les chiffres de la liste dans le bon ordre ?

RÉPONSE

Certainement pas complètement. En effet, l'exercice intermédiaire a eu pour effet d'effacer votre mémoire de travail, de provoquer un trou de mémoire. Notre mémoire n'est pas multitâche, elle ne peut se focaliser que sur une chose à la fois. Il est donc important de se concentrer sur une tâche ou une information pour bien la mémoriser. Certains pensent pouvoir faire plusieurs choses à la fois, mais, en réalité, ils les font l'une après l'autre en les alternant de quelques secondes. Bien entendu, tout le monde peut faire deux choses à la fois, si l'une des actions mémorisées est automatisée, comme rouler en voiture en réfléchissant au chemin à prendre. Mais si vous ne connaissez pas le chemin, vous ne pourrez pas continuer de discuter d'un autre sujet avec votre passager.

Notre mémoire peut nous tromper

JEU DU SOUVENIR

Ce jeu est à faire en famille ou avec des amis de longue date, à partir d'une vieille photo prise au cours d'un événement auquel tous étaient présents.

EXPLICATION

Vous serez surpris des divergences sur certains détails, comme la date, les faits qui se sont déroulés ce jour-là, la nature du repas... Vous remettrez, ou pas, en cause certains détails sur lesquels vous n'êtes pas d'accord... Si vous avez pris des notes et que vous recommencez ce jeu quelques mois plus tard, vous serez peut-être surpris, cette fois, des différences que vous aurez vous-même introduites dans votre récit sous l'influence des autres participants.

Lorsque vous vous remémorez un souvenir, il remonte dans les circuits de votre cerveau. À ce moment-là, le souvenir est fragilisé, en particulier si vous êtes stressé, et il peut être transformé par la suggestion d'un tiers. Votre mémoire peut être ainsi manipulée. Si vous entendez, lors d'un interrogatoire ou d'un reportage télévisé, une version différente des événements que vous avez vécus, lorsque le souvenir s'enfouit de nouveau dans votre mémoire, il intègre inconsciemment ces nouvelles données, et lorsqu'il sera ravivé, vous ne saurez plus quelle est la vérité, entre ce que vous pensez avoir vécu et ce que d'autres vous en ont dit. Si la situation de suggestion se renouvelle plusieurs fois, les affirmations fausses de celui qui interroge déstabilisent vos souvenirs et peuvent créer de « faux souvenirs » qui gomment pour toujours la réalité vécue. La force de suggestion est telle que l'on peut finir par faire croire à quelqu'un qu'il a fait quelque chose qu'il n'a pas fait.

4. AMÉLIORER SA MÉMOIRE

En reprenant des processus de mémorisation, on peut se donner les moyens d'améliorer sa mémoire. Tout d'abord lors de la phase de mémorisation initiale, en se motivant et en concentrant son attention sur ce qu'on veut mémoriser. Bien entendu, il faut aussi prendre des repères, réfléchir pour donner du sens aux informations, catégoriser ces informations, et trouver des associations, voire des moyens mnémotechniques, afin de multiplier les indices pour s'en souvenir.

La mémoire à long terme nécessitant de multiples remémorations avant que le souvenir ne s'efface, il faut donc repenser à se souvenir dans les 24 heures, puis au bout d'une semaine, enfin d'un mois. Le fait d'apprendre ou de repenser aux situations vécues ou aux informations apprises avant le sommeil, afin qu'elles soient inconsciemment réutilisées pendant la phase de rêve et le sommeil profond, est un atout considérable pour une bonne mémorisation.

La catégorisation des informations en facilite la mémorisation

JEU DES SOUVENIRS DANS LE DÉSORDRE

Observez ces dessins pendant 30 secondes, puis cachez-les sous une feuille de papier :

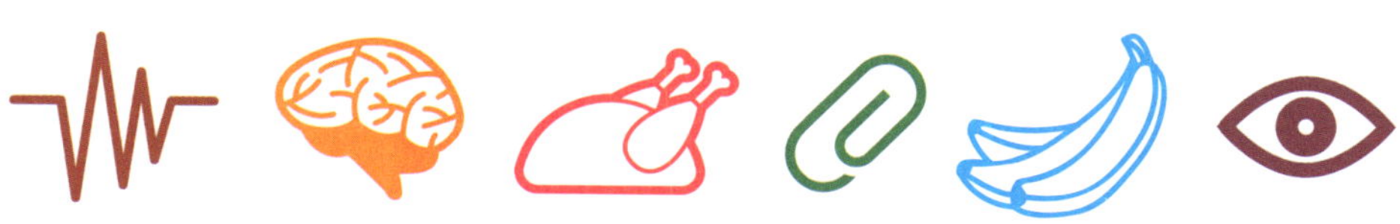

Maintenant, dressez la liste de ces dessins dans l'ordre inverse.

EXPLICATION

Ce jeu fait appel à votre mémoire visuelle, mais il peut aussi prendre appui sur votre mémoire des mots, si vous avez verbalisé le nom de chaque objet et sa couleur. Par contre, il est plus difficile de modifier l'ordre dans sa mémoire immédiate. Pour réussir, commencez par dessiner le graphique à droite sur votre feuille, puis les autres éléments à la suite, de la droite vers la gauche.

JEU À VOUS DE RANGER

Lisez cette liste de départements, puis masquez-la. Dans 5 minutes, essayez de la retrouver après avoir continué la lecture de ce livre :

Hauts-de-Seine Finistère Morbihan Yvelines
Ille-et-Vilaine Val-de-Marne Loire-Atlantique Essonne

EXPLICATION

Pour vous souvenir de ces départements, vous pouvez les apprendre en les regroupant par catégories, en l'occurrence, ici, par zones géographiques. Ce regroupement logique par catégories déjà mémorisées dans le cerveau favorise la mise en mémoire de ces nouvelles données pour une durée plus longue. Cet exercice prend appui sur votre mémoire sémantique (mémoire des mots) et votre mémoire spatiale, les deux hémisphères sont donc bien impliqués, ainsi que le cortex frontal, qui décide de la stratégie à mettre en œuvre.

Associez par sous-ensembles pour vous souvenir

JEU DE LA LISTE DE COURSES

Apprenez cette liste de courses pour vous la remémorer dans une demi-heure :

LISTE DE COURSES

carottes - poisson - clémentines - chocolat - beurre - lessive
lait - stylo - yaourts - jambon - brioche - farine - glace - poivre
persil - pain - eau - pommes de terre - sucre - bière

EXPLICATION

Pour pouvoir mémoriser cette liste de 20 courses, il vous faut associer dans votre cerveau les objets :

- si vous êtes auditif, en les regroupant dans des phrases que vous vous récitez mentalement ;
- si vous êtes visuel, en visualisant mentalement dans votre appartement les objets à acheter (par exemple, un dans chaque coin des pièces, afin de ne pas en oublier).

Une fois dans le magasin, efforcez-vous de revoir la mise en scène que vous avez inventée, pour toutes les retrouver. Vous pouvez faciliter le travail de votre mémoire en regroupant les articles par catégories correspondant à des zones du magasin.

JEU MÉMORISER UN NOM OU UN CODE

Comment mémoriser le nom des personnes que l'on vous présente ? Comment mémoriser le code de votre nouvelle carte bancaire ou celui de l'entrée de votre immeuble ?

RÉPONSE

Si cela vous est difficile, testez notre méthode.

Essayez d'associer au nom d'une personne un objet, un animal, une ville, une situation auquel ou à laquelle ce nom vous fait penser, quitte à le déformer. Vous pouvez aussi trouver le nom d'une personnalité qui a le même prénom, ou dont le nom fait penser au nom en question, ou chercher une image mentale qui y correspond, quitte à découper le nom en syllabes...

Pour un code, divisez-le par groupes de deux chiffres et essayez de les associer à quelque chose que vous connaissez bien : un jour, un mois ou une année correspondant à une date d'anniversaire, un numéro de département, la date d'un événement historique ou personnel (comme celle de votre mariage)...

Plus vous utilisez d'éléments personnels, plus votre mémoire fait appel à des circuits utilisés de multiples fois, donc très bien mémorisés. Si vous trouvez une association d'idées qui vous amuse, la mémorisation en sera d'autant plus efficace. Si vous avez déformé le nom pour vous en souvenir, attention, car à chaque fois que vous vous le remémorerez, c'est ce nom déformé qui reviendra à votre mémoire, mais vous saurez ce qu'il faut en faire pour retrouver la dénomination exacte de la personne.

Développez votre mémoire visuelle

JEU DES 5 CHANGEMENTS

Demandez à des amis d'observer la pièce où vous êtes rassemblés. Puis demandez-leur d'en sortir. Pendant leur

absence, modifiez 5 choses : cachez un objet, retournez un livre, ouvrez un tiroir, éteignez ou allumez une lampe…

À leur retour dans la pièce, donnez-leur une minute pour trouver les modifications opérées.

.... EXPLICATION ....

Notre cerveau est plus ou moins capable de trouver ces différences. Si vous êtes visuel et bon observateur, vous y parviendrez facilement. Mais certains détails peuvent être plus difficiles à détecter. Pour réussir, prenez des repères, autant de détails qui serviront de points d'ancrage pour réactiver votre souvenir.

Utilisez votre mémoire visuelle

JEU COMMENT VOUS SOUVENIR, LA SEMAINE PROCHAINE, DE CETTE PAGE DU LIVRE ?

Vous pouvez aussi essayer avec un autre document plus utile pour votre travail…

.... RÉPONSE ....

Commencez par repérer l'iconographie et les informations utiles à retenir, puis dirigez votre regard vers le haut et la gauche de la page afin de la photographier dans votre mémoire. Vous pouvez ensuite surligner les mots clés de couleurs différentes selon la catégorisation que vous leur attribuez. Limitez-vous à deux ou trois couleurs. Vous pouvez aussi faire dans la marge des petits dessins qui, pour vous, représentent bien l'idée à retenir. Vous pouvez également réaliser une carte mentale de la page du livre sur une feuille de papier : écrivez au centre l'idée principale ; puis, reliées par des flèches, écrivez sur les côtés, en un ou quelques mots, voire un petit dessin, les informations secondaires qui constituent les sous-chapitres…

Développez votre mémoire auditive

Lisez ce texte ou celui que vous voulez retenir à voix haute. Mieux, enregistrez-vous avec le bloc-notes de votre smartphone ; vous l'écouterez dans votre voiture, ou mieux, ce soir avant de vous coucher. L'aire auditive de votre hémisphère droit sera ainsi sollicitée plusieurs fois, ce qui renforcera les circuits de la mémoire correspondants. En l'écoutant, répétez tout haut le texte entendu.

Élaborez des moyens mnémotechniques pour vous souvenir

Les procédés mnémotechniques correspondent à la mise en place d'associations lors de l'encodage de l'information. Ils permettent à notre cerveau d'augmenter les capacités de la mémoire. Nous pouvons en inventer pour retenir des informations importantes ou des règles.

JEU MNÉMOTECHNIQUE

1. Complétez et expliquez la phrase suivante : « Mais où est donc... »

2. « L'hirondelle a deux ailes » pour se souvenir que...

3. « Me Voici Tonton Marcel, Je Suis Un Nageur Professionnel. » À quoi correspond cette phrase ?

4. « Viens, mon chou, mon bijou, mon joujou sur mes genoux, et jette des cailloux à ce hibou plein de poux. » À quoi correspond cette phrase ?

5. Complétez la phrase suivante : « *Mourir* n'a qu'un "r" car on ne meurt qu'une fois, ... en a deux car on mange plusieurs fois. »

RÉPONSE

1. « ... or, ni, car ? » Facilite la mémorisation des conjonctions de coordination.
2. ... pour se souvenir que le mot s'écrit avec deux "l".
3. Elle donne la liste des planètes dans l'ordre en s'éloignant du Soleil : Mercure, Vénus, la Terre, Mars, Jupiter, Saturne, Uranus, Neptune et Pluton (désormais classée planète naine).
4. Elle aligne tous les mots se terminant en « ou » et/ou s'écrivant au pluriel avec un "x".
5. *Nourrir* s'écrit avec deux "r".

Contextualisez

Pour vous souvenir d'un rendez-vous important et vous y préparer, imaginez la scène à l'avance, donc contextualisez la rencontre. Construisez-vous le film de l'événement avec les images et les voix, voire les odeurs. Parlez au présent. Par exemple : « Je viens de finir de déjeuner, je lis "13 heures" sur le cadran de ma montre, je me rends au lieu de mon rendez-vous, je pousse la porte et salue la personne, je m'assois et lui expose ce que j'ai à lui dire... » Projetez-vous dans l'événement afin d'anticiper votre ressenti. Le moment venu, votre cerveau vous donnera l'ordre de vous rendre à votre entretien en toute sérénité.

EXPLICATION

Cette contextualisation stimule la mémoire sensorielle et ancre l'événement dans un cadre. Lorsque vous voulez mémoriser quelque chose, observez attentivement et ressentez votre environnement (lumière, chaleur, ambiance), afin d'associer ce que vous apprenez et ce lieu. Ces éléments pourront servir d'indices récupérateurs au moment de vous remémorer l'information, puisque votre mémoire l'aura enregistrée en même temps que les caractéristiques du contexte.

Se remémorer

Un bon moyen de renforcer la mémorisation est de se remémorer des souvenirs ou des informations avant de s'endormir, car pendant le sommeil, ces données sont réactivées inconsciemment, ce qui consolide les circuits de la mémoire correspondants.

JEU DES SOUVENIRS OUBLIÉS

Remémorez-vous ce que vous aimiez manger lorsque vous étiez petit. Prenez le temps d'y réfléchir. Peut-être une odeur dans la cuisine, ou celle d'un objet, d'un milieu naturel ou d'un bâtiment vous fera-t-elle revivre par la mémoire des souvenirs d'enfance. Pensez-y avant de vous endormir et peut-être demain matin vous en souviendrez-vous.

EXPLICATION

Souvent, c'est le chemin d'accès aux souvenirs qui disparaît. Les circuits neuronaux qui correspondent à la mémoire de cet événement ne sont plus connectés à ceux qui permettraient de le retrouver. En effet, un événement n'est pas mémorisé en un seul endroit du cerveau, mais dans différentes zones, en fonction des perceptions visuelles, auditives et émotionnelles liées à cet événement.

Il faut souvent se remémorer un autre événement lié à l'événement recherché pour faire remonter celui-ci en mémoire. Cet exercice consiste à s'inspirer de la madeleine de Proust, qui ravive des souvenirs jusqu'alors enfouis dans la mémoire de l'écrivain. Pendant le sommeil paradoxal, la phase de rêve, ces souvenirs peuvent revenir à la mémoire suite à une interrogation formulée avant le sommeil. Une intense circulation de ces informations passe alors du cortex cérébral à l'hippocampe et *vice versa*.

La mémorisation à long terme impose une consolidation des éléments mémorisés

JEU DE L'INFORMATION DONT IL FAUT SE SOUVENIR

Comment procédez-vous pour vous assurer de vous souvenir d'un rendez-vous sans le noter sur votre agenda ?

Les personnes plutôt visuelles notent le rendez-vous (jour, heure et lieu) sur un bout de papier, et même si elles jettent ou égarent celui-ci, le fait de l'avoir écrit les aidera à se souvenir du rendez-vous. D'autres le répètent à la personne qui leur fixe ce rendez-vous, afin de l'enregistrer à l'aide de leur mémoire auditive. Mais toutes y repenseront rapidement pour être certaines de s'en souvenir, le soir avant de se coucher, et aussi, de ce fait, pendant leur sommeil, inconsciemment ; puis le lendemain matin, et/ou le dimanche soir en réfléchissant à leur semaine, et enfin le jour même, pour ne pas rater l'heure de ce rendez-vous.

EXPLICATION

Si vous voulez vous souvenir longtemps d'une information ou d'un texte :

- prenez le temps de la/le relire le jour même, afin de la/le conserver en mémoire au moins une journée ;
- jetez-y un coup d'œil le lendemain, pour en renforcer la mémorisation, afin qu'elle subsiste une semaine ;
- repensez-y à la fin de la semaine, et votre souvenir se prolongera au moins un mois ;
- enfin, si vous y repensez à la fin du mois, la mémorisation en sera prolongée d'au moins six mois, si ce n'est à vie.

La consolidation de la mémorisation se produit grâce à la réactivation des circuits entre l'hippocampe et les zones du néocortex impliquées dans le stockage de l'information. Cette information passe par l'hippocampe, puis par le thalamus, qui la repère dans le temps, puis par le gyrus cingulaire, qui la catalogue en l'associant à des informations déjà mémorisées. Enfin, l'information retourne à l'hippocampe, pour son stockage définitif.

NOS DIFFÉRENTES
FORMES D'INTELLIGENCE

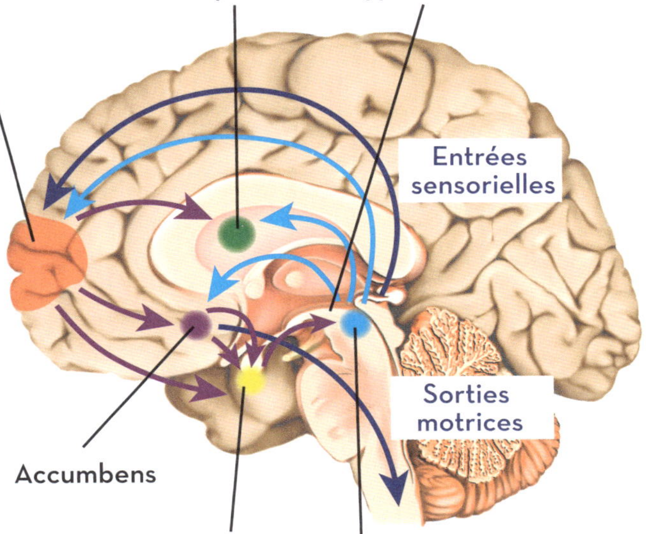

Le cortex frontal est le siège de notre intelligence consciente, donc des prises de décision, mais l'hippocampe, qui mémorise notre expérience passée, joue un rôle fondamental dans l'intelligence. L'amygdale, l'hippocampe et l'hypothalamus, qui interviennent dans les sensations de plaisir et de peur, interfèrent aussi dans la prise de décision.

L'intelligence repose sur la plasticité neuronale ainsi que sur la possibilité de créer, et surtout de choisir et d'utiliser une multiplicité de réseaux en rapport avec ceux de la mémoire. Plus notre cerveau rencontre de situations et de problèmes nouveaux, plus notre intelligence se développe. C'est l'intuition qui permet à notre cerveau de décider en deux dixièmes de seconde, avant même que l'on en ait conscience.

Le QI ne mesure pas toutes les facettes de l'intelligence, il privilégie l'intelligence logicomathématique. D'ailleurs, si l'on fait souvent et réussit les exercices contenus dans les tests de QI, on peut se croire, à tort, surdoué.

Suite aux études d'Howard Gardner, on considère maintenant que notre intelligence a différentes facettes : linguistique, logicomathématique, spatiale, kinesthésique et corporelle, intra et interpersonnelle, musicale et naturaliste.

QUEL TYPE D'INTELLIGENCE PRÉDOMINE CHEZ VOUS ?

TEST DÉCOUVREZ VOTRE INTELLIGENCE DOMINANTE !

Êtes-vous intuitif ou logique ? Avez-vous un grand sens pratique ? Exprimez-vous votre pensée avec facilité ?
Répondez aux questions, puis additionnez pour chaque lettre le total obtenu. (Vous pouvez apporter plusieurs réponses à chaque question.)

À l'école, vous préfériez :

A. les mathématiques ou les sciences
B. le français ou les langues étrangères
C. la géométrie ou le dessin
D. les travaux en groupe
E. le travail individuel
F. le sport
G. la musique
H. les sciences naturelles

Dans quelles conditions vous sentez-vous à l'aise pour travailler ?

A. dans un bureau bien rangé et organisé
B. quand vous avez des choses à expliquer aux autres
C. dans un environnement lumineux et agréable
D. quand vous pouvez collaborer avec d'autres personnes
E. quand vous pouvez travailler tout seul à votre rythme
F. si vous pouvez vous déplacer souvent
G. dans une ambiance sonore calme et agréable
H. dans un bureau avec vue sur de la verdure

Que mémorisez-vous le mieux ?

A. les chiffres
B. les mots
C. les lieux
D. ce dont vous avez parlé avec quelqu'un d'autre
E. ce que vous prenez le temps d'apprendre
F. les pas de danse ou les mouvements de gymnastique
G. les airs de musique
H. les noms d'animaux ou de plantes

Vos amis apprécient :

A. votre esprit de synthèse
B. votre conversation
C. votre sens de l'orientation
D. votre bon esprit
E. votre indépendance
F. vos performances sportives
G. votre sens musical
H. votre connaissance de la nature

Quel jeu achèteriez-vous pour de jeunes enfants ?

A. une tablette ludo-éducative

B. un livre de comptines que vous leur liriez

C. un jeu de construction

D. un jeu de société

E. un album de coloriages

F. un ballon

G. un instrument de musique

H. un livre ou un film documentaire

Votre jeu préféré, c'est :

A. le *Cluedo*

B. le *Scrabble*

C. les puzzles

D. la belote

E. le solitaire

F. les jeux de ballon

G. *Devinez la chanson !*

H. *Nature en jeux*

Pour réussir dans la vie, selon vous, il faut :

A. un bon bagage scientifique

B. une formation littéraire

C. être sensible aux lieux et aux situations

D. savoir travailler en équipe

E. bien faire son travail

F. faire du sport pour rester en forme

G. avoir une sensibilité musicale

H. être à l'écoute des autres et de son environnement

Vous êtes à pied et vous cherchez votre chemin…

A. Vous consultez un plan ou une carte.

B. Vous interrogez les personnes rencontrées.

C. Pas de problème, vous avez le sens de l'orientation.

D. Vous expliquez aux autres que vous allez facilement retrouver le bon chemin.

E. Vous avez toujours une carte ou votre GPS sur vous.

F. Vous testez un chemin en vous disant que vous n'êtes pas à 1 km près.

G. Vous écoutez de la musique dans votre baladeur pour ne pas vous énerver.

H. Vous observez l'environnement pour prendre des repères.

Pour occuper vos loisirs, vous préférez :

A. les énigmes policières à lire ou à regarder à la télévision

B. lire des romans ou regarder les émissions littéraires

C. faire des puzzles ou des rallyes

D. lire un bon livre assis dans un fauteuil confortable

E. rencontrer des amis

F. faire du sport

G. écouter de la musique ou aller à un concert

H. vous promener dans la nature

RÉSULTATS

Comme tout le monde, vous avez une intelligence multiple, mais avec des dominantes que vous pouvez découvrir en fonction du nombre de réponses de chaque type. Comptez le nombre de A, de B et ainsi de suite. Plus vous totalisez de réponses d'un type, plus cet aspect de votre intelligence est développé.

- **Majorité de A :** vous avez surtout une intelligence logique et mathématique. Vous aimez résoudre des problèmes logiques, et analyser les causes et conséquences de toute chose.
- **Majorité de B :** votre intelligence est surtout verbale et linguistique, vous avez de la facilité et du goût pour manier le langage.
- **Majorité de C :** votre intelligence visuelle et spatiale domine, vous vous représentez des images mentales pour comprendre.
- **Majorité de D :** c'est votre intelligence interpersonnelle qui domine. Vous êtes capable d'empathie, de deviner les besoins des autres et d'y répondre favorablement.
- **Majorité de E :** c'est l'intelligence intrapersonnelle qui prime, vous aimez donc travailler seul, et surtout apprendre et vous améliorer ; vous n'hésitez pas à vous remettre en question.
- **Majorité de F :** c'est l'intelligence corporelle ou kinesthésique qui prédomine. Vous aimez les sensations physiques, le sport, le théâtre. Vous avez du mal à rester en place sur une chaise.
- **Majorité de G :** vous avez développé une intelligence musicale, vous aimez travailler dans une ambiance musicale ou en oralisant. Vous mémorisez facilement les mélodies et les rythmes.
- **Majorité de H :** c'est l'intelligence naturaliste qui prédomine. Vous êtes sensible au monde environnant et aimez observer la nature.

LES DIFFÉRENTES FACETTES DE L'INTELLIGENCE

L'intelligence verbale et linguistique

Elle permet de manier et de maîtriser le langage.

JEU DES SYNONYMES

Dans le texte suivant, remplacez les mots soulignés par des synonymes :

« À l'hôpital, une superbe jeune dame patiente sur sa civière devant le bloc opératoire. Un type en blouse blanche

s'approche, relève le drap qui la recouvre et examine son corps nu. Il rabat le drap, s'éloigne vers d'autres blouses blanches, avec qui il discute. Un deuxième homme en blouse blanche s'approche, relève le drap et ausculte la patiente. Puis il s'en va. Quand la troisième blouse blanche approche, lève le drap et la scrute, la jeune femme l'interroge : "Mais quand allez-vous m'opérer ?" Il réplique : "Nous, on ne sait pas ; on est là pour peindre le couloir." »

RÉPONSE

Les synonymes possibles (parmi d'autres) des mots soulignés sont : sublime, femme, attend, son brancard, la salle d'opération ; homme, uniforme blanc, s'avance, cache, observe, déshabillé, rabaisse, s'écarte, parle, second, soulève, scrute, part, demande, répond, l'ignore, laquer, corridor. Ce jeu sollicite votre intelligence langagière ou linguistique, donc votre aptitude à exprimer votre pensée et, plus particulièrement, à maîtriser la structure des phrases et, dans ce cas, la signification des mots.

JEU DES INTRUS

Cherchez l'intrus en lisant rapidement ces trois séries de mots :

1. assiette, cuillère, fourchette, plat, casserole, poêle, ver, tasse, bol, couteau
2. crayon, règle, cahier, stylo, taille-crayon, gomme, ancre, agrafeuse, ciseaux, colle
3. bateau, quai, phare, porc, filet, paquebot, navire, quai, mer

RÉPONSE

Si vous avez trouvé 1 : ver, 2 : ancre, 3 : porc, vous avez évité les pièges. Vous avez une bonne maîtrise du langage et de l'orthographe. Votre intelligence langagière ou linguistique est développée.

AMÉLIOREZ VOTRE INTELLIGENCE VERBALE ET LINGUISTIQUE

Lisez chaque jour le journal, des livres ou des revues. Choisissez des sujets qui vous intéressent afin que votre attention et votre intérêt soient stimulés. Vous pourrez ainsi, par mimétisme, enrichir votre vocabulaire.

Partagez vos découvertes en discutant avec vos amis, afin de développer vos capacités d'expression. En effet, en lisant et en parlant ensuite, vous créez de nouvelles connexions neuronales et activez ces nouveaux circuits, et développez donc cette intelligence.

Et visionner des films en V.O. dans une langue que vous connaissez un peu développera votre plasticité cérébrale.

L'intelligence logico-mathématique

Elle permet de résoudre des problèmes logiques, et d'analyser les causes et conséquences de toute chose. Les tests de Q.I. évaluent essentiellement cette forme d'intelligence.

TEST DES DOMINOS

Quel est le domino retourné dans cette suite logique ?

RÉPONSE

Note cerveau a enregistré comme une routine la suite des chiffres dans l'ordre croissant et décroissant. Dans le cas présenté, on lit deux suites décroissantes avec un décalage de 1 entre le haut et le bas ; le domino retourné affichera donc un 4 en bas et un 3 en haut. Votre intelligence logico-mathématique est encore sollicitée.

JEU DES ENFANTS DE LA FAMILLE

Thomas explique qu'il a deux fois plus de sœurs que de frères. Pourtant, sa sœur Manon dit qu'elle a autant de frères que de sœurs. Comment est-ce possible ?

RÉPONSE

La réponse nécessite une réflexion impliquant de se faire une représentation de cette famille, qui peut aussi être effectuée par essais-erreurs.

Thomas a 2 frères et 4 sœurs ; Manon a donc 3 frères et 3 sœurs.

TEST DE LA CARTE MANQUANTE

Quelle est la carte manquante dans cette suite logique ?

RÉPONSE

Le 8 de carreau, car toutes les cartes du bas sont du carreau et toutes ont une valeur double de celles du dessus. Votre intelligence logico-mathématique est ici aussi en action, en liaison avec votre appréciation de l'espace, donc avec votre intelligence spatiale.

JEU DE L'ENVELOPPE

Reproduisez ce dessin d'enveloppe sans repasser deux fois sur le même trait et sans lever votre stylo.

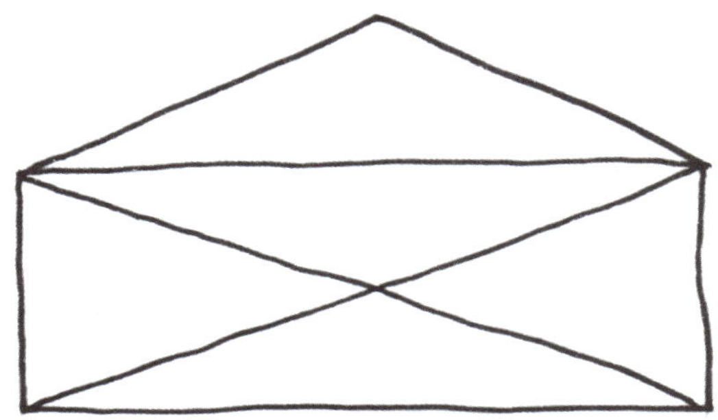

RÉPONSE

Pour ne pas repasser deux fois sur le même trait, il faut partir d'une des deux extrémités de la base de l'enveloppe, donc d'un des points d'où partent 3 traits. Ce jeu fait travailler votre intelligence spatiale, mais aussi un peu votre intelligence logico-mathématique.

AMÉLIOREZ VOTRE INTELLIGENCE LOGICO-MATHÉMATIQUE

Ne partez pas du principe que vous êtes nul en mathématiques. L'intelligence logico-mathématique se développe aussi en reconstituant des puzzles, en s'amusant à résoudre des énigmes, en jouant à des jeux de déduction et de stratégie. Au restaurant, ne calculez pas la part de chacun à l'aide d'une calculette, tentez plutôt de le faire de tête. Comptez vous-même les points lorsque vous jouez aux cartes. Face à une information nouvelle, cherchez à la comprendre et à en vérifier la validité et la logique.

L'intelligence spatiale

Elle vous permet de vous repérer dans l'espace et de vous créer des images mentales pour comprendre.

JEU DES ALLUMETTES

Comment enlever seulement 3 allumettes (sans toucher aux autres) afin qu'il ne reste que 3 carrés ?

RÉPONSE

Il faut retirer l'allumette horizontale en bas au milieu ainsi que les deux allumettes formant l'angle en haut à gauche. Il reste alors 3 carrés.

Pour y parvenir, votre cerveau doit faire fonctionner votre intelligence spatiale, et vous permettre de visualiser les différentes possibilités d'obtenir 3 carrés. Il peut aussi procéder par essais-erreurs, mais la performance sera moins rapide. Si vous avez réussi rapidement, vous avez une facilité à vous représenter des images mentales et à les faire bouger dans l'espace ; votre intelligence spatiale est donc développée.

JEU RELIEZ LES POINTS

Reliez tous les carrés par 4 traits seulement et sans lever votre crayon :

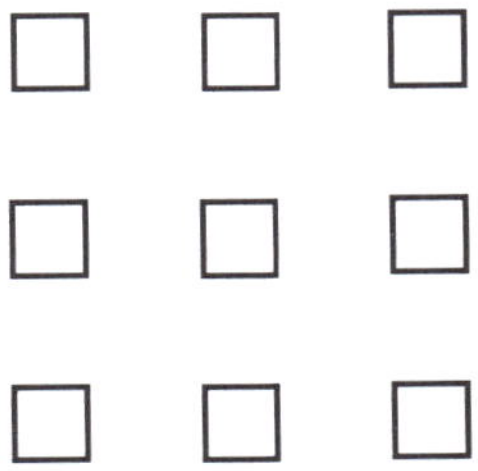

RÉPONSE

Dans ce jeu, il ne suffit pas de reproduire des figures mathématiquement connues. Notre cerveau est conditionné par notre éducation, qui nous incite à rester dans le cadre. Ici, il faut penser à sortir de l'espace limité par les carrés : pour réussir, 2 de vos traits doivent sortir du cadre formé par les 9 carrés.

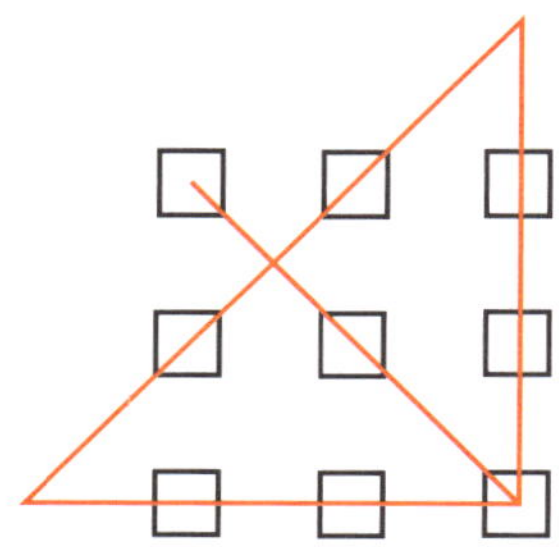

JEU DE L'ÉTOILE

Prenez un petit miroir. Placez le verticalement devant vous, derrière une feuille de papier. Cachez la feuille de papier avec une main, afin de ne pas la voir directement, et, de l'autre main, essayez de dessiner une étoile, sans regarder votre feuille, uniquement en regardant ce que vous faites dans le miroir.

RÉPONSE

Ce jeu est très difficile, car la vision en miroir inverse tous vos mouvements et inverse les circuits existant dans la mémoire procédurale pour guider votre main en fonction de votre vision du résultat sur le papier. Ce type d'activité vous permet de développer votre intelligence spatiale.

AMÉLIOREZ VOTRE INTELLIGENCE SPATIALE

Le GPS ne favorise pas le développement de notre intelligence spatiale. Alors, avant de partir, lisez un plan en vous efforçant de le mémoriser, soit globalement, soit en suivant le circuit dans votre tête en vous fixant des points de repère. Puis rangez le plan et essayez de vous orienter. Commencez par des trajets simples, puis vous pourrez progresser, car vous développerez progressivement votre mémoire spatiale.

Lorsque vous arrivez dans un lieu nouveau, observez-le en prenant des points de repère afin d'en mémoriser la configuration et l'accès. Vous pouvez aussi en griffonner un plan afin de mémoriser et de développer votre capacité de passer du plan à la réalité.

L'intelligence corporelle et kinesthésique

Elle prend en compte les sensations physiques, et intervient, par exemple, dans le sport et le théâtre. Si elle prédomine chez vous, vous avez du mal à rester longtemps sur une chaise.

JEU NOUEZ LA CORDE SANS EN LÂCHER LES EXTRÉMITÉS

Pouvez-vous nouer une corde en la tenant par ses deux extrémités, sans jamais les lâcher et sans vous attacher en même temps les mains ?

RÉPONSE

Il s'agit là d'un problème de topologie, que l'on vit avec son corps, et qui fait donc appel à notre intelligence kinesthésique. En effet, il faut croiser les bras avant de saisir les deux extrémités de la corde, puis les décroiser, et la corde est nouée !

AMÉLIOREZ VOTRE INTELLIGENCE CORPORELLE ET KINESTHÉSIQUE

La mémoire à long terme est largement favorisée par quelque chose qu'on a expérimenté. La manipulation avec les mains aide à développer l'apprentissage et l'intelligence, car elle amène à une confrontation avec le réel. La méthode d'éducation Montessori utilise ce processus.
Pour comprendre, cherchez des applications concrètes, rédigez vous-même une fiche avec des mots et des flèches pour visualiser les différentes facettes et implications d'une information.

Parlez avec les mains, faites des jeux de mime, voire des jeux de rôle, pratiquez un sport, dansez ou bricolez, pour vous exprimer avec tout votre corps.

L'intelligence interpersonnelle

Elle permet d'être capable d'empathie, de deviner les besoins des autres et d'y répondre favorablement.

JEU DU SOURD-MUET ET DE L'AVEUGLE

La scène se déroule dans un magasin. Y entre un sourd-muet, qui veut acheter une brosse à dents. Il est obligé de faire le geste de se brosser les dents pour se faire comprendre. À présent, entre un aveugle, pour acheter une paire de lunettes de soleil. Comment s'y prend-il ?

RÉPONSE

L'aveugle, lui, peut parler, et donc simplement demander : « Je veux une paire de lunettes de soleil. » Vous avez envie d'aider les autres. Aussi, vous vous êtes projeté dans la scène et avez mimé le geste ? Nombre de gens à qui l'on raconte cette histoire sont ainsi piégés, car le cerveau va toujours au plus simple pour réagir rapidement. Se produit un effet d'amorce, qui fait qu'il s'appuie sur le premier modèle proposé, ici le geste du sourd-muet.

AMÉLIOREZ VOTRE INTELLIGENCE INTERPERSONNELLE

L'intelligence est stimulée par les échanges avec les autres, autant de moyens de réactiver des circuits neuronaux et d'en créer de nouveaux par la confrontation avec d'autres points de vue.

En développant ses relations sociales, on augmente sa capacité d'adaptation. Mais surtout, on se crée un environnement rassurant, permettant d'améliorer ses capacités d'expression.

En lisant des romans ou en regardant des films, projetez-vous dans l'histoire afin de ressentir de l'empathie pour les personnages. Lorsque vous rencontrez quelqu'un, apprenez à briser la glace en entamant la conversation, même sur des sujets futiles. Soyez rassurant, attentif aux autres, afin de comprendre leurs opinions.

Vous devez développer vos capacités d'adaptation en fonction de vos différents interlocuteurs. Intéressez-vous à tous. Être curieux et entretenir des relations sociales développe l'intelligence. Discutez avec des gens intelligents et instruits, afin d'élargir votre champ de compétences, et donc de développer votre intelligence.

Enfin, n'hésitez pas à travailler en groupe sur des projets communs, dans le cadre de votre métier ou d'une association, en aidant les autres à résoudre des problèmes, en étant un membre de l'équipe efficace selon vos potentialités.

L'intelligence intrapersonnelle

Elle est développée chez vous si vous aimez travailler seul, mais surtout apprendre et vous améliorer. Vous n'hésitez pas à vous remettre en question.

JEU DU FRÈRE

Si la seule sœur du frère de votre mère a un enfant unique, quel est votre lien de parenté avec cet enfant ?

RÉPONSE

Cet enfant, c'est vous ! Pourtant, vous avez pris le temps de vous représenter logiquement les liens de parenté exposés. Si vous êtes visuel, vous les avez peut-être même dessinés sur une feuille. Votre cerveau, avec son approche très personnelle du problème, vous a confié un rôle de spectateur dans ce scénario, ce qui vous a empêché de trouver immédiatement la solution.

JEU VOUS DOUBLEZ LE DEUXIÈME

Vous êtes pilote automobile aux 24 Heures du Mans. Vous mettez vos dernières forces dans la course, et au passage du dernier kilomètre, vous arrivez à doubler le deuxième. Bravo ! Vous devenez donc le... ?

RÉPONSE

Non pas le premier, mais le deuxième ! Votre logique vous a encore joué un tour, parce qu'il est difficile de changer de point de vue : en effet, centré sur vous, vous vous positionnez dans la course, et non comme spectateur. Si vous réfléchissez comme un spectateur, la bonne réponse s'impose.

AMÉLIOREZ VOTRE INTELLIGENCE INTRAPERSONNELLE

Pour développer cette forme d'intelligence, choisissez, pour travailler, un endroit confortable, dans lequel vous vous sentez bien. Développez votre esprit critique en vous interrogeant sur la source de toute information et en réfléchissant sur son degré de vraisemblance.

Forgez-vous votre propre opinion, fixez-vous des objectifs, réfléchissez avant d'agir.

Renforcez votre propre estime en vos capacités et votre confiance en vous, afin de renforcer les circuits neuronaux que vous développez. Écoutez votre intuition, évaluez vos propres actions.

Donnez-vous le goût d'apprendre pour augmenter votre potentiel et les moyens de réussir vos projets. Les jeux de questions en ligne ou à la télévision sont un bon moyen de développer cette forme d'intelligence.

Mais prenez aussi le temps de faire le vide, car votre cerveau a besoin de ranger et surtout de classer toutes les informations qu'il enregistre. Bien entendu, le sommeil joue un rôle fondamental dans ce processus, mais dans la journée, prenez le temps de faire une petite balade d'un quart d'heure, en ne pensant qu'à respirer profondément, ou accordez-vous un temps de méditation.

L'intelligence musicale

Elle est développée si vous aimez travailler dans une ambiance musicale ou en oralisant, si vous mémorisez facilement les mélodies et les rythmes.

TEST INTELLIGENCE MUSICALE

Répondez à ces questions et notez le nombre de « oui » :

- Aimez-vous chanter ou fredonner ?
- Adoptez-vous facilement les accents étrangers, même sans bien parler la langue ?
- Pouvez-vous facilement imiter une voix ?
- Battez-vous le rythme avec les pieds ou les doigts quand vous entendez de la musique ?
- Aimez-vous écouter de la musique ?
- Aimez-vous jouer d'un instrument ?
- Pouvez-vous vous souvenir d'une mélodie après l'avoir entendue une seule fois ?

RÉPONSE

Si vous totalisez au moins 6 « oui », vous avez une excellente intelligence musicale, certainement suite à une grande pratique.
Si vous comptez moins de 2 « oui », il serait bien d'améliorer un peu vos performances dans ce domaine, mais ce n'est pas facile sans pratique.
Entre 3 et 5 « oui », vous avez des potentialités à développer, par exemple en écoutant plus souvent de la musique.

JEU DES FABLES DE LA FONTAINE

Amusez-vous à apprendre une fable de La Fontaine, comme *Le Corbeau et le Renard* ou *La Cigale et la Fourmi*, puis essayez de la réciter en y mettant du rythme et en faisant parler les personnages avec des tonalités différentes.

RÉPONSE

Vous y arriverez facilement si votre intelligence musicale est développée. Sinon un peu d'entraînement l'améliorera.

JEUX MUSICAUX

Avec un logiciel de karaoké, amusez-vous à chanter des chansons ou à fredonner des mélodies, mais commencez par bien écouter pour comparer avec votre imitation et essayez de vous rapprocher de l'original au moins au niveau du rythme.

RÉPONSE

L'imitation suite à l'écoute permet d'éduquer non votre oreille, comme on le prétend, mais les circuits de votre cerveau qui traitent les sons et les rythmes : le cortex auditif temporal pour les sons, le cortex pariétal et frontal pour les rythmes, et enfin le cervelet et le cortex préfrontal pour les tonalités.

AMÉLIOREZ VOTRE INTELLIGENCE MUSICALE

L'intelligence musicale est la sensibilité au rythme et à la mélodie. Elle ne concerne pas seulement la musique mais aussi la langue, et en particulier la pratique des langues étrangères.

On la développe en fredonnant des chansons, mais aussi par des jeux musicaux en tentant de reproduire des rythmes, en s'entraînant à moduler sa voix lorsqu'on parle. Votre discours en deviendra plus intelligible et plus intéressant pour vos interlocuteurs. Vous aurez envie de chanter, certes, mais surtout de communiquer, donc de développer votre intelligence interpersonnelle.

L'intelligence naturaliste

Elle est caractérisée par la sensibilité au monde environnant, le plaisir d'observer la nature. *Elle détermine la capacité d'identifier et de classer les éléments constitutifs de notre environnement.*

TEST DE LA COULEUR DOMINANTE

Répondez le plus vite possible aux questions suivantes :

- Quelle est la couleur d'un ours polaire ?
- Quelle est la couleur de la neige ?
- Quelle est la couleur d'une dent ?
- Quelle est la couleur d'une robe de mariée ?
- Que boit la vache ?

RÉPONSE

Si vous avez répondu « du lait » à la dernière question, votre cerveau a subi l'effet d'amorçage provoqué par la réponse commune aux questions précédentes, « blanc ». Pourtant, vous savez bien qu'une vache ne boit pas de lait !

AMÉLIOREZ VOTRE INTELLIGENCE NATURALISTE

La curiosité nourrit l'intelligence. Nous stimulons notre cerveau en observant, en recherchant des informations, en nous intéressant à beaucoup de choses dans des domaines divers. En multipliant les sources, nous croisons des informations.

Donc lisez davantage, promenez-vous dans la nature en vous interrogeant sur ce que vous voyez, en consultant des livres ou Internet, afin de nommer les choses que vous observez.

Ne cherchez pas seulement à apprendre, mais développez votre esprit critique. Ainsi, vous développerez des millions de connexions nouvelles et de circuits entre les neurones de votre cerveau, et développerez donc votre intelligence.

Améliorez votre intelligence en évitant les pièges, en particulier l'effet d'amorçage

JEU D'ANGLAIS

Pouvez-vous dire « nouveau » en anglais ? Allez-y, et avec l'accent !

Maintenant, dites, toujours avec l'accent, le nom de la capitale des États-Unis.

RÉPONSE

Non, ce n'est pas New York ! Vous savez que c'est Washington, mais vous vous êtes fait piéger par la première partie de la question, qui a entraîné votre cerveau sur une fausse piste pour répondre à la seconde.

JEU DU PÈRE DE MANON

Le père de Manon a 5 filles : Marie, Mélanie, Michèle, Monika et M... Comment s'appelle sa cinquième fille ?

.... RÉPONSE ....

Eh bien, non, pas Muriel, ni un autre prénom commençant par « Mu » ! L'effet d'amorçage sémantique provoqué par la formulation de la question conduit le cortex préfrontal antérieur de notre cerveau à rechercher spontanément une suite logique, puisque le premier prénom commence par « M », le deuxième par « Me », le troisième par « Mi », et le quatrième par « Mo »... On cherche donc un prénom débutant par « Mu ». L'amorçage est un mécanisme qui fait intervenir la mémoire à long terme de façon implicite. Le cerveau se laisse entraîner et ne revient pas sur l'énoncé de la question, qui comprend la réponse, en l'occurrence Manon.

JEU DU NUMÉRO DE TÉLÉPHONE

Dites à voix haute les trois derniers chiffres de votre numéro de téléphone.

Maintenant, répondez à la question suivante :

Quand est mort le roi Richard Cœur de Lion ?

En 85. **En 989.** **En 1199.**

.... RÉPONSE ....

Le roi Richard Cœur de Lion a été tué en 1199 à Châlus. Le fait de vous avoir demandé les trois derniers chiffres de votre numéro de téléphone constitue un amorçage positif, qui vous conduit à choisir un numéro à trois chiffres.

JEU DES POULES

Nathalie avait 19 poules dans son poulailler. Mais presque toutes ses poules sont mortes, sauf 7, à cause de l'épidémie de grippe aviaire qui a fait des ravages. Combien lui reste-t-il de poules ?

.... RÉPONSE ....

Eh bien, non, il ne reste pas 12 poules (19-7), mais 7, comme l'énoncé l'indique clairement. Se produit ici un effet d'amorçage perceptif, car on interprète visuellement la scène au niveau du cortex occipital, ce qui entraîne notre cerveau à se lancer dans une opération mathématique inutile. La prochaine fois, vous l'en empêcherez !

Améliorez votre intelligence en pensant à changer de modèle

JEU SE REGARDER DANS LES YEUX

Un jeune couple d'alpinistes arrive au sommet du pic du Midi. C'est assez étroit. L'homme regarde vers le nord, et la femme vers le sud. Comment font-ils pour se regarder les yeux dans les yeux ?

.... RÉPONSE ....

Votre cerveau visualise la scène en les imaginant dos à dos ou côte à côte, puisqu'ils regardent dans des directions opposées. Mais, en réalité, il suffit qu'ils soient face à face, nez contre nez ! Dans ce cas encore, il faut éliminer le modèle qui vient directement à l'esprit pour réfléchir autrement. L'intelligence consiste justement à trouver une solution dans une situation différente de celles que l'on connaît déjà.

JEU DES DEUX SŒURS

Manon et Gaby sont deux sœurs. Elles ont les mêmes parents et sont nées le même jour. Pourtant, ce ne sont pas des jumelles. Pourquoi ?

.... RÉPONSE ....

Votre cerveau se trouve en face d'un problème, car tout dans les données du problème le renvoie au modèle « jumelles » qu'il a en mémoire. Mais il ne pense pas spontanément à ajouter un frère né le même jour, or ce sont des triplés.

JEU DE LA CROIX AVEC L'ALLUMETTE

Réalisez une croix avec une seule allumette sans la casser en deux.

.... RÉPONSE ....

Nombre de gens n'y réussissent pas, parce que leur cerveau reste prisonnier de sa logique mathématique et ne pense pas à changer de modèle. En effet, il faut interpréter la consigne et enflammer l'allumette, puis l'éteindre rapidement dès que le bout est noir. Puis on utilise l'allumette comme un crayon, l'extrémité carbonisée permettant de tracer une croix sur une feuille. On peut aussi réussir en frottant le bout rouge sur la feuille de papier. Dans ce cas encore, il est nécessaire de changer de modèle : on pense seulement à la bûchette de bois qui forme l'allumette, et non à sa fonction et aux conséquences de sa combustion.

Améliorez votre intelligence en pensant à changer de paradigme

JEU DES DEUX FILS

Pour fêter un anniversaire, deux fils et deux pères ont réservé une table dans un restaurant réputé. Le serveur les conduit à leur table, mais il n'y a que trois couverts ! Pourquoi ?

RÉPONSE

Pas la peine de réfléchir à un événement survenu dans le restaurant, ils ne sont que trois : le fils, le père et le grand-père ! Toujours cette logique mathématique, à laquelle notre cerveau, conditionné, obéit et qui jette un voile sur une réflexion plus simpliste.

JEU DU PLIAGE IMPOSSIBLE

Essayez de reproduire ce pliage...

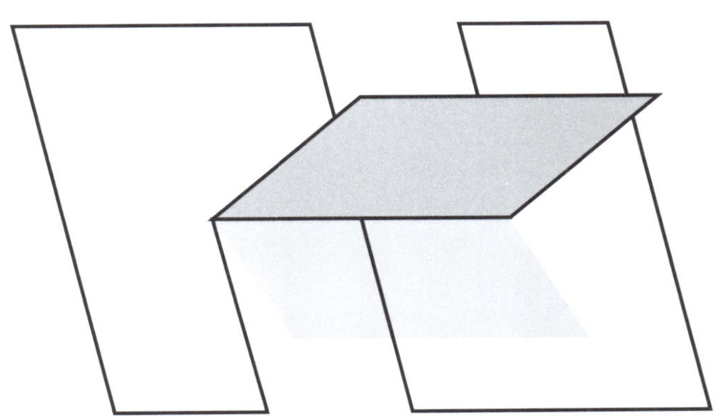

RÉPONSE

Ce pliage semble impossible à réaliser. En effet, notre cerveau est habitué à réfléchir à partir d'une représentation plane. Hors, dans ce jeu, il doit faire appel à sa capacité d'adaptation : pour réussir ce pliage, il doit opérer un changement de plan. En effet, il faut découper une fente au milieu d'un des côtés et deux fentes aux tiers de l'autre côté. Puis on retourne la moitié droite de la feuille de 180° en marquant le pli de la partie centrale. Enfin, on redresse la partie centrale en marquant bien les deux plis.

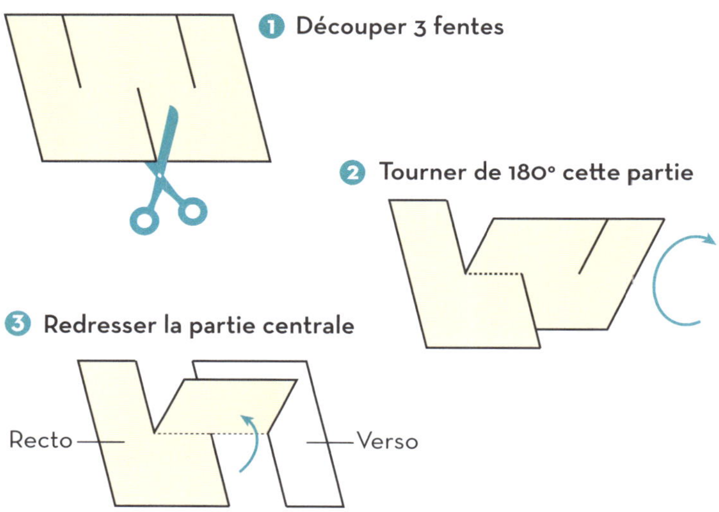

Développez votre créativité en brisant les règles

JEU DE CHIFFRES

Comment obtenir vingt en enlevant un de dix-neuf ?

RÉPONSE

Pour réussir, il faut sortir de la logique des chiffres arabes et penser en chiffres romains :

XIX - I = XX

LE CERVEAU

DES ÉMOTIONS

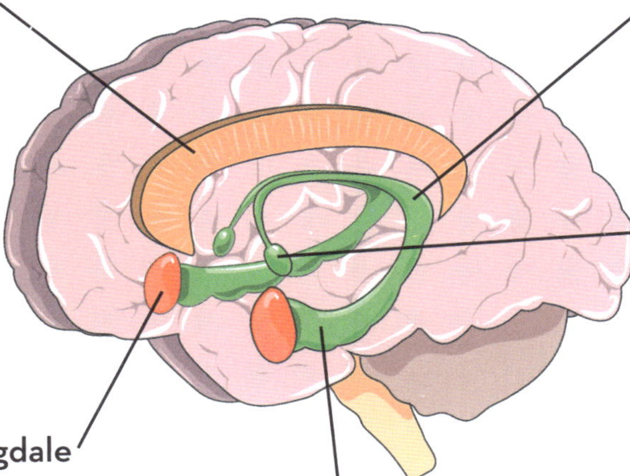

Les émotions sont gérées par une zone centrale du cerveau, elles interfèrent donc avec nombre de nos facultés cérébrales. Le cerveau émotionnel correspond au système limbique, comprenant l'hippocampe et surtout l'amygdale. Il obéit aux impulsions. Il déclenche la colère ou succombe au plaisir.

Si ce centre de l'émotion est altéré, on ressent de l'angoisse, ce qui entraîne de la confusion mentale, l'amnésie et la fabulation, car les circuits de la mémoire transitent par le système limbique.

Le cerveau émotionnel peut être contrôlé par le cerveau rationnel, situé dans les lobes frontaux du cortex. Ces lobes frontaux régulent de façon réfléchie les comportements.

Bien que les émotions soient souvent perçues de façon négative, en réalité, elles ont un rôle fondamental dans notre vie personnelle et professionnelle.

On distingue les émotions positives, qui vont de la satisfaction à l'enthousiasme, l'émerveillement et la joie, et les émotions négatives, qui s'échelonnent de la tristesse à l'angoisse. L'intelligence émotionnelle joue un rôle fondamental dans notre vie, car elle nous permet de nous adapter à notre environnement physique et social. Elle nous permet aussi de trouver des solutions aux problèmes du quotidien.

LES ÉMOTIONS IMPRIMENT NOTRE MÉMOIRE

JEU DE LA MADELEINE DE PROUST

Dans son roman *Du côté de chez Swann*, premier volume d'*À la recherche du temps perdu*, Marcel Proust évoque le goût d'une madeleine qui fait resurgir de sa mémoire celles qu'il mangeait quand il était petit, puis, de fil en aiguille, toute son enfance. Vous est-il arrivé de sentir une odeur qui vous faisait vous remémorer des souvenirs d'enfance ou de lieux ? Ces souvenirs sont-ils heureux ?

RÉPONSE

La mémoire fait intervenir les zones du cortex visuel et auditif, mais aussi le lobe olfactif. Cette région du cerveau analyse les odeurs et est intimement liée à l'hippocampe et à l'amygdale, qui renferment aussi les circuits de mémorisation. Ainsi, contrairement aux souvenirs visuels ou auditifs, les informations olfactives et gustatives mémorisées ne passent pas par le néocortex. C'est pour cette raison que l'on a souvent des difficultés à trouver les mots pour exprimer les sensations du goût ou de l'odorat. Comme cette zone est aussi le centre de l'émotion, un souvenir ravivé par un goût ou une odeur a une composante émotionnelle forte qui marque la mémoire.

QUESTION QUE FAISAIS-JE LE 11 SEPTEMBRE ?

Vous rappelez-vous exactement ce que vous faisiez le 11 septembre 2001 au moment de l'annonce des attentats à New York ? Avec qui étiez-vous ?

Vous rappelez-vous avec autant de précision ce que vous faisiez il y a exactement 8 jours à la même heure qu'aujourd'hui ?

RÉPONSE

Vous avez probablement oublié ce que vous faisiez il y a 8 jours à la même heure. Mais la plupart des gens se souviennent précisément du 11 septembre 2001, alors que ce moment est vieux de plus de 15 ans, parce que cet événement les a tellement surpris et traumatisés qu'il est mémorisé dans leur cerveau en même temps que les circonstances personnelles à ce moment-là. On appelle cela un souvenir flash, et celui-ci a une forte composante émotionnelle.

TEST LES ÉVÉNEMENTS PERSONNELS DONT VOUS VOUS SOUVENEZ EN DÉTAIL

Citez trois événements personnels dont vous souvenez comme si vous y étiez encore. Essayez de vous les remémorer en détail.

RÉPONSE

En général, vous vous souvenez mieux d'événements heureux que de faits malheureux, mais cette tendance dépend de la personnalité de chacun et de l'intensité de l'effet produit.

Un événement lié à une émotion négative est moins bien retenu, mais on y privilégie des détails précis et exacts, qui se sont gravés dans notre mémoire de façon indélébile. C'est le cas des phobies, ces peurs irrationnelles dont l'origine porte une importante charge émotionnelle négative.

Dans le cas d'une émotion positive, le cerveau privilégie une mémoire globale, qui peut même inclure des détails positifs fictifs. En effet, une émotion positive revient souvent à la mémoire en sélectionnant les points les plus positifs, et même parfois en les enjolivant.

DES ÉMOTIONS INFLUENCENT NOTRE COMPORTEMENT ET NOS APPRENTISSAGES

JEU DES POINTS COMMUNS

Faites visionner à des amis (ou regardez vous-même) un sujet d'actualité sur les funérailles d'une personnalité récemment décédée. Puis demandez-leur de chercher le point commun entre les mots « enterrement », « humour » et « marché ». Ensuite, posez la

même question à d'autres amis, ayant regardé un reportage sur les manchots.

RÉPONSE

Ceux qui ont préalablement regardé la vidéo sur les manchots proposent facilement le mot « noir », ce qui n'est pas le cas de ceux qui ont visionné le reportage sur les obsèques. Dans ce cas-là, la vidéo provoque une émotion négative qui empêche de prendre assez de recul et enferme dans des détails.

OPTIMISTE OU PESSIMISTE ?

TEST COMPTEZ LES POINTS ACCUMULÉS EN FONCTION DE VOS RÉPONSES À CES QUESTIONS :

Vous venez d'essayer une jolie robe ou une belle chemise, c'est la dernière disponible, mais elle vous serre un peu. Vous vous dites :

- Je la prends, je vais continuer mon régime, et elle m'ira comme un gant cet été. (4)
- Je n'arriverai jamais à maigrir assez, tant pis je la laisse. (1)
- Elle me plaît bien, mais si c'est pour ne pas être à l'aise, autant y renoncer. (2)

Vous partez en vacances...

- en pensant qu'il risque d'y avoir des bouchons sur la route. (1)
- en espérant qu'il y aura du soleil. (2)
- en étant certain de bien vous reposer et de vous amuser. (3)

Vous assistez à un match, mais pour le moment votre équipe perd...

- Vous quittez le stade, déçu, pour ne pas assister à leur défaite. (1)
- Vous priez ou touchez votre grigri pour la faire gagner. (2)
- Il reste encore 20 minutes de jeu, assez, pensez-vous, pour qu'elle améliore son score. (3)

Vous devez vous faire extraire une dent lundi prochain. Vous demandez à votre dentiste :

- Est-ce que je peux faire un bon et copieux dîner chez des amis dimanche soir ? (3)
- Combien de temps vais-je souffrir ? (2)
- Y a-t-il un risque d'infection grave après l'opération ? (1)

Vous êtes perdu en montagne. La nuit tombe et le froid aussi.

- Vous voulez tenter de gagner un sommet, en espérant que vous aurez accès au réseau pour téléphoner aux secours. (3)
- Vous proposez de faire un feu de camp et de manger vos réserves, en espérant que le feu sera repéré par les secours. (2)
- Vous vous réfugiez près d'un grand rocher, vous dressez une barrière en bois et vous faites un feu pour éloigner les loups. (1)

La situation économique du pays est mauvaise.

- Vous investissez dans la pierre. (2)
- Vous épargnez et placez votre argent sans risque sur votre livret. (1)
- Vous dépensez pour profiter de la vie tant qu'il vous reste des sous. (3)

RÉSULTATS

- **Moins de 8 points :** vous êtes angoissé et pessimiste. Vous pensez qu'il n'y a rien à faire et que les malheurs vont vous tomber dessus. En cas d'échec, vous vous reprochez d'en être la cause, vous vous dites que vous êtes nul et que vous ratez toujours tout. En cas de succès, vous pensez que, pour une fois, le hasard vous a été propice, mais que c'est une exception. Essayez de remettre en question votre échec en reprenant à votre compte et en intériorisant les arguments de l'optimiste, en vous persuadant que la réussite et le bonheur vont venir à vous.

- **De 8 à 15 points :** vous êtes très réaliste. Vous n'êtes pas un optimiste à toute épreuve, vous connaissez vos limites, mais ne perdez pas espoir de vous en sortir. Alors valorisez vos réussites et allez de l'avant sans hésiter.

- **Plus de 15 points :** vous êtes un optimiste à toute épreuve. En cas d'échec, vous pensez que si ça n'a pas marché cette fois, c'est que les circonstances n'étaient pas favorables, que ce n'était pas votre domaine, mais que la fois prochaine vous tirerez parti de l'expérience pour mieux réussir. En cas de succès, vous considérez que vous avez parfaitement réagi dans la situation donnée et que, comme toujours, vous avez de la chance.

Pas facile de changer de catégorie. Les chercheurs ont démontré que les émotions positives des optimistes stimulent leur attention, leur procurent une plus grande ouverture d'esprit, une meilleure intuition, et favorisent leur créativité, tout en favorisant les liens sociaux. Par contre, les émotions négatives font le lit du pessimisme, qui conduit au renoncement à l'action et à la dépression.

Prendre quelques bonnes bouffées d'air frais pour se calmer et sentir que tout va bien dans son corps permet au cortex frontal de prendre le pouvoir : s'obliger à penser à tout ce qui va bien permet de relativiser.

INFLUENCE DES ÉMOTIONS

TEST LES GESTES QUI RÉVÈLENT NOS ÉMOTIONS

Croisez les jambes. Laquelle avez-vous placée au-dessus ?

RÉPONSE

Savez-vous que des jambes croisées sont un révélateur d'émotions ? En effet, ce geste est en partie un automatisme commandé par l'amygdale, siège des émotions. Le fait d'être droitier ou gaucher interfère : si vous êtes un homme droitier, vous passez naturellement la jambe droite sur la gauche si vous êtes en confiance ; si vous n'êtes pas à l'aise ou ressentez des émotions négatives, vous inversez la position. C'est le contraire chez les femmes et les gauchers, pour lesquels la jambe gauche au-dessus est la position naturelle.

JEU COMMENT RÉSISTER AUX CHATOUILLES ?

Amusez-vous à trouver les points sensibles aux chatouillements chez votre partenaire ou demandez-lui de chercher les vôtres.

Ensuite, essayez d'y résister, en vous convainquant que vous y resterez insensible et en repérant précisément le moment où commencera le chatouillement, par exemple en plaçant votre main sur celle de la personne qui vous chatouille.

EXPLICATION

Les chatouillis stimulent les corpuscules sensitifs sensibles à l'effleurement de la peau, et ils sont perçus par le cortex sensoriel du cerveau. Mais ils stimulent aussi le cortex cingulaire antérieur, qui déclenche un sentiment de plaisir avec une réaction réflexe de rire et de cris incontrôlables. Certaines régions du corps, comme la plante des pieds, le cou, les aisselles ou les côtés de l'abdomen, sont plus sensibles aux chatouilles. Mais leur localisation varie selon les individus.

Il faut toujours arrêter quand la personne vous le demande avec insistance.

La surprise est indissociable de la réaction. Si on se chatouille soi-même, on n'obtient aucune réaction, car si on en est averti immédiatement avant de le subir, le cerveau conscient inhibe la réaction, et on peut résister aux chatouilles. Par contre, si elles sont décalées dans le temps, même d'une seconde, l'effet de surprise provoque une réaction. Si vous placez votre main sur celle qui va vous chatouiller, votre cerveau est prévenu et il inhibe la sensation de chatouillement.

LE CERVEAU EST INFLUENÇABLE, LA MÉMOIRE EST DONC FAILLIBLE

JEU DU MUSELET DE CHAMPAGNE

Tenez horizontalement un muselet de bouchon de champagne par son attache, le grand cercle de fer du côté de votre visage. Fermez un œil et maintenez le muselet à bout de bras devant l'œil ouvert. Dites-vous que c'est le petit cercle qui se trouve devant le grand cercle. Vous savez que ce n'est pas vrai, mais insistez, concentrez-vous sur cette pensée... Au bout de quelques secondes, votre cerveau acceptera de vous faire voir le petit cercle en avant du grand cercle.

Maintenant, amusez-vous à faire tourner légèrement le muselet vers la droite, puis vers la gauche : vous serez surpris de constater que les mouvements que vous réalisez et ceux que vous voyez sont inversés !

EXPLICATION

Vous constatez la puissance de la persuasion, qui peut tromper vos sens, pour vous faire penser quelque chose qui est le contraire de la réalité. Notre cerveau est donc influençable, et l'émotion peut y prendre une part importante.

JEU IMPLANTEZ DE FAUX SOUVENIRS

Il ne s'agit pas de convaincre un ami d'avouer des actes qu'il n'aurait pas commis, mais il est possible, assez facilement, avec un peu de temps et surtout dans des conditions de fragilité émotionnelle, de modifier la mémoire d'un événement vécu.

EXPLICATION

L'imagination peut être stimulée pour déformer les souvenirs, voire en implanter de faux. On commence par semer le doute, ce qui développe l'émotion chez la personne. Ainsi, on fait remonter les souvenirs à partir de quelques faits réels, mais en en omettant volontairement. Une fois que l'on a fait remonter des souvenirs dans la conscience de la personne, on énonce avec assurance un mélange de vrais et de faux souvenirs. À partir de ce moment, on sème le doute dans son esprit, et on l'amène à penser à ce qui aurait pu se passer si nous détenions la bonne version des faits. Combien d'innocents ont-ils ainsi été condamnés et ont même fini par croire avoir commis un crime ?

Avec une méthode similaire, on peut aider une personne à sortir d'un cauchemar. Si la peur du loup hante ses rêves, il suffit de lui faire évoquer ce rêve et, au moment où elle raconte qu'elle est poursuivie par le loup, de lui affirmer qu'elle arrive dans sa maison et qu'elle lui ferme la porte au nez. En lui répétant cette version, vous finirez par modifier le cours de son rêve, ce qui conduira à la disparition de celui-ci. Mais il faut renouveler de nombreuses fois cette évocation pour obtenir un résultat.

L'IMPORTANCE DU SOURIRE DANS LE DÉCLENCHEMENT D'ÉMOTIONS POSITIVES

TEST DU SOURIRE COMMUNICATIF

En observant cette photo, souriez-vous aussi ?

RÉPONSE

Cette expression de plaisir ou d'amusement a un rôle social important. En rencontrant quelqu'un, nous essayons toujours de nous attirer sa sympathie. Le sourire rassure ; c'est un signe de sympathie qui signifie que l'on n'a rien à craindre. On a instinctivement envie de faire plaisir à l'autre. Donc le sourire est communicatif.

Plusieurs régions cérébrales sont mises en activité pour décoder le visage de la personne observée afin de comparer ses expressions avec des expériences antérieures. Si l'on rencontre une personne en laquelle on n'a pas confiance, son image active l'amygdale, la zone du cerveau sensible à la peur et aux émotions, et sur laquelle on n'a aucun contrôle. Les mouvements de votre visage peuvent révéler ce que vous pensez, et dans ce cas le sourire de la personne ne déclenchera pas le vôtre.

LE RIRE DÉVELOPPE DES ÉMOTIONS POSITIVES ET EST COMMUNICATIF

JEU FAIRE RIRE AVEC UNE HISTOIRE DRÔLE

Le médecin fait entrer un patient dans son cabinet. Il est pressé car il a de nombreuses consultations ce jour-là. « Ne me dites rien. Commencez par vous allonger, afin que je vous ausculte. » Il l'ausculte et conclut : « Vous êtes en très bonne santé. Pourquoi donc êtes-vous venu me voir ? » Le monsieur répond : « Je venais pour la fuite de votre lavabo, je suis plombier ! »

EXPLICATION

Dans une histoire drôle, le rire est déclenché par la surprise. Le discours vous amène à imaginer ou à chercher une suite logique à l'histoire et, d'un coup, la fin est complètement différente de ce que vous aviez prévu.

Lors d'un éclat de rire, le cerveau déclenche des vagues d'hormones euphorisantes, comme les endorphines et les enképhalines, qui procurent une sensation de plaisir et de relaxation. Le cerveau sécrète alors de la noradrénaline, qui stimule l'éveil, et des catécholamines, qui améliorent les capacités intellectuelles.

Le rôle psychologique du rire est important. Le rire permet de prendre de la distance, de décompresser, d'évacuer la tension. Toutes les zones centrales du cerveau impliquées dans les émotions sont stimulées, ainsi que celles qui contrôlent les fonctions vitales du corps. Le rire stimule la digestion, diminue l'hypertension, oxygène l'organisme, favorise le sommeil, et rend heureux, au moins un moment.

JEU POUR FAIRE RIRE

Pour rire, rien de tel que de fréquenter des gens qui ont le rire facile. Mais vous pouvez aussi essayer une méthode pour rire à plusieurs entre amis.

Allongé sur le sol et bien détendu, chacun pose sa tête sur la poitrine de la personne voisine. Le premier dit : « Ha ! » Le deuxième continue par « Ha ! Ha ! », le troisième « Ha ! Ha ! Ha ! », et ainsi de suite... Rapidement, ce jeu vous amènera tous à éclater de rire.

EXPLICATION

Le rire est communicatif. Celui d'une personne déclenche souvent celui des autres. Le cerveau interprète le rire comme une absence de danger, ce qui permet de décompresser. Par mimétisme, grâce à ses neurones miroirs, le cerveau libère alors les neuromédiateurs qui déclenchent le rire. Lors d'un spectacle, le premier éclat de rire est le plus difficile à déclencher ; ensuite, le terrain cérébral est prêt à produire très facilement d'autres éclats de rire.

LE SENTIMENT DE BONHEUR

TEST QUEL EST VOTRE SENTIMENT DE BONHEUR ?

Notez de 1 (faible) à 5 (fort) votre accord avec chacune de ces affirmations :

- Je suis satisfait de ma vie.
- Je suis content en compagnie de ma famille ou de mes amis.
- Mon travail me plaît beaucoup.
- Je me contente de ce que j'ai.
- Si je recommençais ma vie, je ne changerais rien.

RÉSULTATS

De 21 à 25 : vous êtes très heureux ; de 16 à 20 : heureux ; de 11 à 15 : assez heureux ; de 6 à 10 : pas très heureux ; de 1 à 5 : pas heureux (attention, le résultat dépend de votre humeur du moment, alors n'hésitez pas à refaire ce test à quelques jours d'intervalle).

Le dosage de la sérotonine, un neuromédiateur fabriqué par le tronc cérébral, a montré qu'elle jouait un rôle essentiel dans la sensation de bien-être. Si on en manque, on déprime et on est de mauvaise humeur. Le soleil favorise sa sécrétion et l'absence de celui-ci durant l'hiver est l'un des facteurs de la fameuse dépression hivernale que beaucoup connaissent. Une autre hormone, l'ocytocine, dont la sécrétion est stimulée par les rapports sexuels, aurait aussi une action bénéfique sur l'équilibre émotionnel. Le psychologue Richard Wiseman a démontré que ceux qui se disaient chanceux multipliaient les rencontres, savaient repérer et tirer parti de situations fortuites, tentaient des expériences et écoutaient leur intuition, persévéraient face à l'échec pour le transformer en réussite.

LE CERVEAU ET L'AMOUR

TEST L'AMOUR REND AVEUGLE

Souvenez-vous de votre premier amour... Aviez-vous, les premiers jours, une vision réaliste de votre partenaire ?

RÉPONSE

L'amygdale s'active lorsqu'on tombe amoureux, comme lors d'un stress. Cet état de panique nous empêche d'avoir un raisonnement rigoureux. Donc lorsqu'on est amoureux, on ne perçoit pas l'autre avec assez de recul.

Les endorphines sécrétées par l'hypothalamus rendent euphorique, tout comme la sérotonine sécrétée par le tronc cérébral, qui nous rend optimiste. Ces hormones modifient notre perception, et créent une dépendance et un état de manque dès que nous sommes éloignés de notre partenaire. Cet effet diminue après quelques mois, mais une autre hormone, l'ocytocine, sécrétée pendant l'orgasme, peut prendre le relais en générant de l'empathie.

INFLUENCE DES ÉMOTIONS NÉGATIVES : LA PEUR INTERFÈRE AVEC NOS FACULTÉS CÉRÉBRALES

TEST LE TRAC

Avez-vous déjà eu le trac ? Dans quelles circonstances ?

EXPLICATION

Le trac est un stress que l'on peut éprouver avant de passer un entretien ou de paraître en public. Cette forme d'angoisse peut avoir des effets positifs, si elle disparaît dès que l'on est dans l'action ou que l'on entre en scène :

en effet, dans ce cas, elle nous permet de mobiliser notre attention et notre énergie. Mais elle peut être un véritable cauchemar si elle se prolonge et inhibe l'action.

JEU DE LA PHOTO QU'ON NE VEUT PAS VOIR

Cherchez une photo effrayante d'un animal ou d'une chose dont vous avez la phobie (une souris, un serpent, une araignée...) Cachez cette photo. À présent, regardez la photo de cette méchante araignée (par exemple). Placez cette liste de mots à côté et essayez de la retenir :

tulipe, soleil, président, église, cheval, télévision, vin, brosse à dents, acrobate, rose, immeuble, avion, téléphone, ciseaux, fenêtre, livre, escalier, biscottes, rasoir, prairie, lunettes, autocar, chêne, tiroir, moquette, chat, papier, main, étoile, bureau

EXPLICATION

Comparez votre performance à celle que vous réaliserez en cachant la photo. Vous pouvez aussi le refaire demain, pour ne pas être influencé par le premier test. Votre score sera bien meilleur, car le stress déclenché par la vue de l'animal qui vous effraie perturbe la mémorisation. En effet, l'amygdale, qui est le centre de la peur, joue un rôle essentiel dans la mémorisation. Ainsi, chez beaucoup de gens qui, le 11 septembre 2001, se trouvaient à côté des tours jumelles du World Trade Center de New York au moment de leur effondrement, l'effet de panique vécu lors de l'événement a entraîné un stress post-traumatique qui leur a fait perdre leur capacité de mémorisation et a souvent conduit à l'amnésie de ce moment.

JEU LA DOULEUR MONOPOLISE VOTRE ATTENTION

Il vous est, bien sûr, déjà arrivé de vous faire mal. La douleur est vive et peut durer. Mais dès que vous pouvez vous concentrer sur une action, la douleur s'estompe provisoirement.

EXPLICATION

La douleur monopolise toute votre attention, ce qui amplifie la sensation. Tout ce qui peut distraire votre attention diminue la souffrance ressentie : écoutez une musique que vous aimez, visionnez des films comiques, pensez à un lieu où vous aimez vivre ou à un dessert que vous adorez. N'hésitez pas à évoquer un fantasme et, si vous êtes croyant, concentrez votre attention sur une prière. L'hypothalamus stimule l'hypophyse, qui sécrète une hormone, l'ocytocine, qui peut inhiber la douleur. Toutes ces techniques de détournement de l'attention permettent de court-circuiter les circuits de la douleur dans le cerveau, car elles stimulent aussi le système limbique.

L'INTELLIGENCE ÉMOTIONNELLE INFLUE SUR NOTRE VIE ET NOS PERFORMANCES

TEST DE L'INTELLIGENCE ÉMOTIONNELLE

Répondez aux questions suivantes en notant le numéro de la question et la lettre correspondant à votre réponse.

1. Vous êtes dépassé par une situation, alors vous pensez :

A. Il faut que je réussisse.

B. Je peux réussir.

C. C'est trop compliqué.

2. Au travail, votre patron vous adresse des reproches.

A. Vous vous remettez à la tâche en vous disant que, cette fois, vous allez réussir.

B. Vous essayez de vous justifier et demandez des conseils pour vous améliorer.

C. Vous vous reprochez de ne pas avoir réussi et vous avez peur de ne pas pouvoir mieux faire.

3. Contrairement à son habitude, votre conjoint parle peu à table.

A. Vous lui demandez ce qui le préoccupe.

B. Vous vaquez à une autre occupation.

C. Vous vous dites que cela est dû à son mauvais caractère.

4. Votre enfant a de mauvaises notes.

A. Vous lui expliquez pourquoi il doit faire des efforts pour son avenir.

B. Vous le punissez.

C. Vous accusez votre conjoint de ne pas assez s'occuper de son enfant.

5. Vous préparez un repas pour vos amis.

A. Vous faites du mieux possible pour leur faire plaisir.

B. Vous vous énervez en craignant de ne pas être prêt à temps.

C. Vous regrettez d'avoir lancé cette invitation parce que vous n'êtes pas à la hauteur.

6. On est samedi...

A. Vous téléphonez à des amis pour proposer une sortie.

B. Vous vous en voulez de ne rien avoir organisé.

C. Vous espérez qu'un ami va vous proposer une sortie pour demain.

7. Vous n'éprouvez aucun désir face à votre ami(e).

A. Vous lui dites que vous êtes épuisé (e).

B. Vous attendez que le désir revienne.

C. Vous vous disputez pour avoir une bonne raison de ne pas faire l'amour.

8. Pour vous habiller le matin…

A. Vous préférez des vêtements confortables.

B. Vous tenez à être élégant.

C. Vous prenez ce qui vous tombe sous la main.

9. Vous avez passé la soirée chez des amis, mais le lendemain, vous vous réveillez épuisé, avant d'aller travailler.

A. Vous êtes quand même content d'avoir rencontré vos amis.

B. Vous pensez que vous auriez dû reporter cette soirée.

C. Vous vous reprochez d'avoir accepté cette soirée.

RÉSULTATS

Le test d'intelligence émotionnelle (mesuré par le Q.E.) mesure la capacité à reconnaître et à gérer ses émotions, mais aussi celles des autres, à contrôler ses impulsions et à résister à la pression, à adapter ses émotions selon le contexte, à envisager les choses de façon positive.

Question 1 : vous êtes doté d'une résistance plus (A) ou moins (C) importante pour aborder des situations difficiles. Si vous avez répondu B, vous n'avez pas peur d'apprendre de vos erreurs, vous vous donnez les moyens de vous sortir de situations délicates ou pénibles.

Questions 2 et 9 : votre réponse révèle votre optimisme (A), votre scepticisme (C) ou votre vision raisonnable des événements (B). Si vous avez répondu A, votre attitude est positive en face de la réalité : vous vous considérez comme chanceux, vous multipliez les rencontres, tentez des expériences, écoutez votre intuition et savez tirer parti des situations.

Questions 3 et 4 : les réponses A indiquent votre empathie, votre capacité à observer et à comprendre les personnes qui vous entourent, donc à discerner l'humeur, le tempérament, la motivation et le désir des autres, et à y répondre correctement, ce qui correspond à l'intelligence interpersonnelle. Si vous avez répondu B, vous avez tendance à vous cacher les problèmes. Si votre réponse est C, vous considérez que c'est vous qui avez raison et que c'est la faute des autres, votre empathie est faible.

Question 5 : votre réponse révèle votre capacité (de A, très forte, à C, faible) à vous concentrer sur une tâche sans vous laisser distraire par vos préoccupations ou par votre environnement.

Question 6 : votre réponse révèle votre capacité (de A, très forte, à C, faible) à adapter votre attitude au contexte.

Questions 7 et 8 : la réponse à ces questions révèle la conscience de soi (de A, très forte, à C, faible), c'est-à-dire votre capacité à comprendre vos points forts et vos faiblesses, et à reconnaître vos émotions, ce qui correspond à l'intelligence intrapersonnelle.

Au total, plus vous compterez de A, plus votre intelligence émotionnelle se révélera élevée.

AMÉLIORER VOTRE INTELLIGENCE ÉMOTIONNELLE

- Identifiez vos atouts pour mieux les utiliser et vos faiblesses pour les neutraliser.
- Pensez que ce qui est différent n'est pas obligatoirement difficile, mais qu'il faut le comparer aux choses connues pour que cela soit plus facile à comprendre et à maîtriser.
- Ne jugez pas les gens sans réfléchir, comme si vous étiez à leur place, ne les étiquetez pas systématiquement comme de bonnes ou de mauvaises personnes. Identifiez les forces et les faiblesses de chacun, pour savoir comment agir avec eux.
- Sachez décoder les conduites des autres, sans *a priori*.
- Conservez votre calme même si vous vous sentez débordé, c'est un moyen de conserver intactes vos potentialités de réaction. Et n'hésitez pas à dire « non », plutôt que de courir à l'échec.
- Affrontez les événements et vos émotions négatives en y faisant face ; ce n'est pas en évitant de les regarder en face que vous résoudrez les problèmes, et surtout vous développerez une angoisse qui pourrait vous paralyser.
- Exprimez vos émotions de façon constructive afin de rester ouvert aux autres.
- Dans un travail de groupe, sachez vous adapter aux autres, faire primer les objectifs du groupe sur les vôtres, accepter que chacun avance à son rythme.

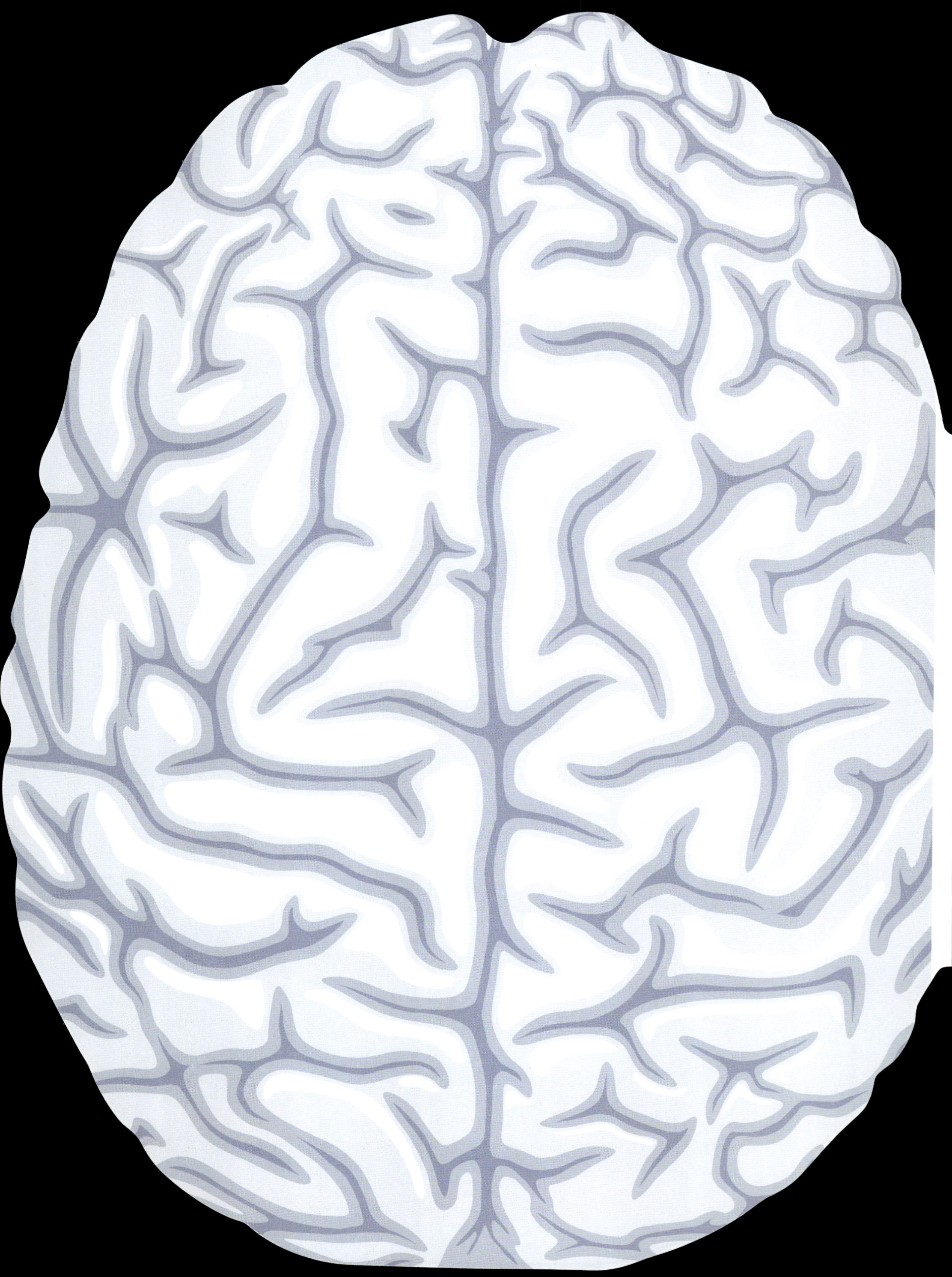

LANGAGE
ET LECTURE

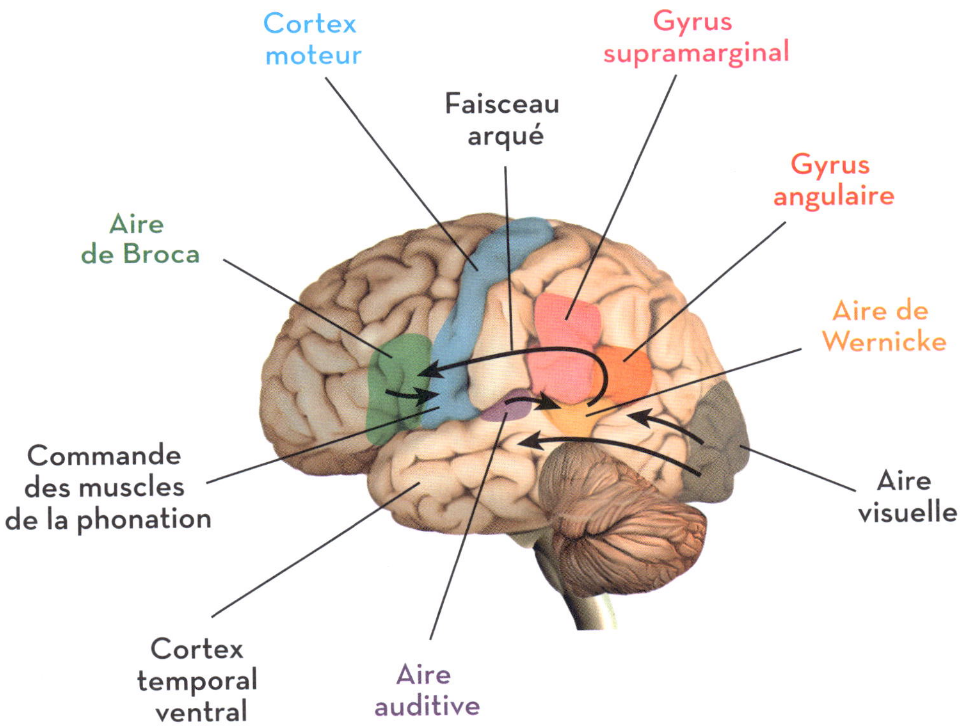

Le langage mobilise surtout le cerveau gauche. Trois zones de l'hémisphère gauche sont impliquées :

- l'aire de Wernicke, située près de l'aire auditive, est responsable de la compréhension du langage et de la capacité de lecture ; elle mémorise le langage du point de vue phonétique ;
- l'aire de Broca, située à côté des centres moteurs de la langue et de la bouche, gère la mémoire verbale du langage et la production des paroles, donc la prononciation des phrases ;

- les deux gyrus, qui sont des zones associatives, intègrent les informations visuelles, venant du cortex visuel, et auditives, venant du cortex auditif ;
- le gyrus supramarginal assure le traitement phonologique ;
- le gyrus angulaire gauche assure la mémoire sémantique ;
- l'aire de Brodmann, située dans le lobe pariétal antérieur, est une aire de convergence qui traite en même temps les informations auditives, visuelles et sensorielles ;
- le cortex temporal ventral avec, en particulier, le gyrus fusiforme pour la reconnaissance des mots lors de la lecture.

L'hémisphère droit du cerveau participe lui aussi au langage, pour la compréhension des mots simples et des phrases courtes.

Tout échange verbal prend en compte :

- les mots prononcés et la syntaxe de la phrase, traités dans l'hémisphère gauche ;
- des informations non verbales ainsi que les émotions liées à la tonalité et à la musique de la phrase, ou portées par le visage de celui qui parle.

Ces informations non verbales sont traitées par l'hémisphère droit, qui nous permet de saisir l'humour d'une phrase ou d'en comprendre les images et le sens figuré.

LA LECTURE FAIT INTERVENIR LES AIRES VISUELLES ET LE CORTEX TEMPORAL POUR LA RECONNAISSANCE DES MOTS

JEU DES ANAGRAMMES

Cherchez les mots que l'on peut former avec les lettres suivantes en en modifiant l'ordre. Le premier est le plus facile et a plusieurs solutions.

1 - RIEMA 2 - EROBI 3 - EHOMIER 4 - VUCAERE 5 - ECNIELENITLG

RÉPONSE

1 : aimer, maire, marie
2 : boire, obéir ou broie
3 : mémoire
4 : cerveau ou évacuer
5 : intelligence, en 12 lettres, ou généticien, en seulement 10 lettres

Les anagrammes font appel à la capacité d'observation, donc aux aires visuelles, mais aussi à la capacité d'attention. Elles nécessitent une maîtrise du vocabulaire et de l'orthographe.

Dans cet exercice, on utilise bien entendu les aires visuelles pour le repérage des lettres, puis les différentes aires du langage dans le cerveau gauche pour la reconnaissance des mots, sur les plans phonétique et sémantique.

JEU LIRE EN MIROIR

Essayez de lire ce texte dans un miroir :

« Tout bipède qui peut décrypter cette prose depuis le début jusqu'à la fin peut se piquer d'être doué pour un décryptage alphabétique. Si vous achoppez sur une phrase, n'abdiquez pas et déculpabilisez-vous. Notre subconscient est adaptable, à moins que notre cerveau ne soit indisponible. À notre époque, on apprécie de travailler en équipe. Alors faites-vous aider pour distinguer les "p" des "q" et les "b" des "d"… »

EXPLICATION

Nous lisons en décryptant les textes avec la région du cerveau qui sert à reconnaître les objets et les visages. Donc en les regardant dans un miroir, qui donne une image inversée, nous avons surtout des difficultés avec les lettres en miroir, justement, comme le « p » et le « q », et le « b » et le « d ».
Lorsqu'on lit un mot, il est d'abord décrypté graphiquement dans le cortex visuel, avant que le gyrus angulaire du lobe temporal lui mette une étiquette, le catégorise et le conserve un instant en mémoire.

Dans l'aire de Wernicke, la forme graphique du mot est associée à sa forme auditive. Ainsi, si nous lisons un mot en même temps que nous l'entendons, le message est mieux perçu et compris, d'où l'intérêt des cours qui utilisent un support visuel pour renforcer le discours.

JEU DE LECTURE RAPIDE

Testez votre rapidité en chronométrant votre lecture de ce texte :

« L'étude des mouvements de nos yeux pendant la lecture montre qu'ils s'arrêtent sur les mots significatifs, et en particulier sur ceux qui peuvent modifier ou confirmer la signification de la phrase qui précède. Donc le cerveau analyse toutes les structures et toutes les significations possibles pour comprendre une phrase. La maturation tardive du lobe temporal à l'âge de 5 ou 6 ans correspond à l'acquisition de la lecture et de l'écriture, donc bien des années après l'acquisition du langage parlé. »

EXPLICATION

Elle est contenue dans le texte que vous venez de lire. Comparez votre temps avec celui d'amis. Posez ensuite des questions afin de vérifier si le texte a bien été lu et compris.

LA LECTURE FAIT APPEL AUX AIRES VISUELLES, MAIS AUSSI À LA CAPACITÉ D'ATTENTION

JEU DE COMPTAGE

Lisez rapidement cette phrase en comptant le nombre de « L » que vous y voyez :

LA LECTURE EST L'EXERCICE LE PLUS COMPLEXE POUR LE CERVEAU. ELLE FAIT INTERVENIR PLUSIEURS ZONES DE L'ENCÉPHALE.

RÉPONSE

Vous en avez compté 8 ou 9 ? Eh bien, non, il y en a 12 ! Tout est une question d'attention et de concentration. En effet, si vous êtes en mode lecture rapide, votre regard fixe essentiellement les mots lexicaux sans repérer les articles, donc ici les « LE » et les « L' », que vous avez dû « zapper » allègrement.

JEU SURPRISE

Lisez ce texte et trouvez l'intrus :

« L'attention est mise à l'épreuve pour identifier rapidement les mots différents des autres. Le gyrus fusiforme du cortex temporal joue un rôle important en reconnaissant le le mot, à condition que le cortex préfrontal et l'aire de Broca soient rendus volontairement bien actifs. Si le cortex frontal n'effectue pas une analyse détaillée du texte, comme on dit, « ça rentre par une oreille et ça sort par l'autre ».

RÉPONSE

L'intrus est le mot « le ». L'avez-vous trouvé ? Sinon relisez plus attentivement le texte. L'attention et la concentration sont indispensables pour réussir ce test, comme le texte le précise.

LA COMPRÉHENSION DU LANGAGE DÉPEND DE PLUSIEURS AIRES CÉRÉBRALES, DONT L'AIRE DE WERNICKE

JEU DE L'ANALOGIE VERBALE

Complétez ces phrases :

1. « Lumière » est à « jour » ce que « obscurité » est à « ...... ».
2. « Avion » est à « ciel » ce que « bateau » est à « ...... ».
3. « Route » est à « voiture » ce que « rail » est à « ...... ».
4. « Thorax » est à « poumons » ce que « crâne » est à « .... ».
5. « Cercle » est à « carré » ce que « sphère » est à « ...... ».

RÉPONSE

1 : « nuit » correspond à « obscurité » (analogue de « jour » par rapport à « lumière »)

2 : « mer » (le bateau se déplace sur la mer, comme l'avion dans le ciel)

3 : « train » (il roule sur des rails, comme la voiture roule sur la route)

4 : « cerveau » (il est contenu dans le crâne, comme les poumons le sont dans le thorax)

5 : « cube » (on passe de la surface du carré et du cercle au volume de la sphère et du cube).

Lorsqu'on entend des mots et des phrases, ils sont perçus dans le cortex auditif avant d'être transmis à l'aire de Wernicke, siège de la compréhension orale, qui leur attribue un sens. Dans cet exercice, on trouve le mot manquant à partir d'une proposition parallèle.

LE LANGAGE NE FAIT PAS APPEL AUX MÊMES AIRES SELON L'ORIGINE D'UN INDIVIDU (EUROPÉEN OU CHINOIS)

JEU DE RECONNAISSANCE

Comment lisez-vous ces deux mots, qui ont la même signification en français et en chinois ?

MANGER et 吃 [chī]

RÉPONSE

Pour lire le mot MANGER, notre cerveau gauche analytique doit d'abord repérer les syllabes MAN et GER en commençant par déchiffrer M et A+N, puis G et E+R. L'étape suivante consiste à l'épeler : le cerveau compose alors une image mentale sonore, qu'il analyse en la comparant aux sons en mémoire qui correspondent à notre langue. La lecture développe donc un esprit analytique.

Pour lire l'idéogramme chinois, le cerveau gauche est peu impliqué, puisqu'il n'a pas à épeler. La signification de l'idéogramme ne correspond pas à l'addition de ces différents constituants, mais à la reconnaissance des formes par l'hémisphère droit du cerveau, et en particulier le cortex pariétal, spécialisé dans la perception de l'espace et la reconnaissance des formes ; il compare cette forme à des formes déjà rencontrées lors des apprentissages. L'esprit chinois perçoit donc facilement la globalité.

Même au niveau de la lecture des langues européennes, il existe des différences. L'imagerie cérébrale a montré que la lecture de l'italien impliquait moins de circuits neuronaux que celle du français, ce qui expliquerait que seulement 2 % des jeunes Italiens soient dyslexiques, contre 5 % des jeunes Français.

LA COMPRÉHENSION DES MOTS SOLLICITE LA MÉMOIRE

JEU DU TRIGRAMME

Complétez rapidement ces mots :

BOU…	CAN…	CIR…	CHA…
DRA…	PRO…	POI…	TOI…

RÉPONSE

Vous sollicitez la mémoire implicite pour identifier ces mots à partir d'un amorçage avec leurs trois premières lettres. Plusieurs solutions sont possibles pour chaque trigramme.

JEU DE L'INTRUS

Parmi ces mots, quel est l'intrus ?

noisette, pêche, poire, noix, amende, cerise, pomme, abricot

RÉPONSE

Dans ce jeu, le lobe pariétal gauche, avec sa mémoire orthographique, intervient en liaison avec le gyrus angulaire et les informations sémantiques dont il dispose en mémoire pour distinguer le mot « amende », qui, à la différence des autres, ne désigne pas un fruit (contrairement à son homonyme « amande »), mais une somme à payer pour une infraction.

JEU DE LA QUESTION SECRÈTE

Quelle est la réponse à la question suivante ?

« Qule ets el réstulat de al mutlaipliciton de ciqn par setp ? Coechz la bnnoe réspnoe. »

27 – 35 – 52

RÉPONSE

Le texte de la question est : « Quel est le résultat de la multiplication de cinq par sept ? Cochez la bonne réponse. » La réponse est donc 35.

Pour réussir ce test, il faut faire preuve d'une bonne analyse visuelle pour les reconnaître et réaliser un repérage spatial pour localiser leur emplacement.

Le fait que vous ayez pu déchiffrer ces lettres mêlées prouve que votre cerveau ne lit pas chaque lettre, mais qu'il visualise les mots globalement, en comparant cette vision globale du mot à l'image des mots qu'il a en mémoire.

L'hémisphère droit du cerveau participe au langage pour la compréhension des mots simples et des phrases courtes. C'est lui qui nous permet de décrypter cette phrase dont les lettres sont mélangées.

LES AIRES DU LANGAGE SONT CONTRÔLÉES PAR LE NÉOCORTEX

JEU DE CADAVRE EXQUIS

Ce jeu consiste à construire des phrases surprenantes et donc souvent amusantes. Donnez une feuille de papier à chacun des participants. Pliez les feuilles en accordéon, avec autant de volets que de personnes (au maximum 6). Chacun prend sa feuille pliée. Sur le premier volet, chacun écrit un sujet. Puis il replie le volet et passe sa feuille au suivant, qui y écrit un verbe. On continue sur le même principe pour écrire un complément de lieu, puis de temps, puis de quantité, puis de manière. Chacun écrit ses mots, puis replie la feuille afin que le suivant ne voie pas ce qui y est écrit. Le dernier déplie la feuille et lit toute la phrase qui a été écrite.

EXPLICATION

Lorsqu'on entend des ensembles de mots, ils sont perçus dans le cortex auditif avant d'être transmis à l'aire de Wernicke, siège de la compréhension orale, qui leur attribue un sens. L'information est ensuite transmise à l'aire de Broca, qui leur donne un sens et élabore la réponse. Elle programme le message avant de l'envoyer à l'aire motrice, qui commande sa prononciation par les muscles de la bouche et du larynx. L'opération dure quelques dixièmes de seconde.

Dans ce jeu, les phrases sont cohérentes du point de vue de la structure de la phrase, mais les associations ne correspondent pas à ce que notre néocortex considère comme une signification rationnelle. Les phrases sont souvent si déroutantes que l'effet de surprise déclenche le rire.

PRONONCIATION D'UN MOT ENTENDU

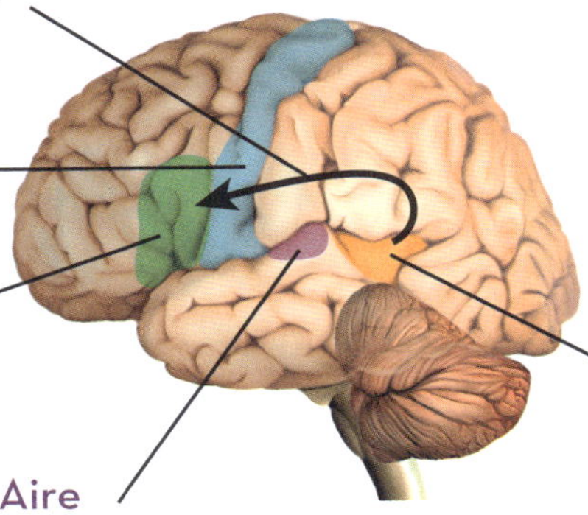

LA PRODUCTION DE PAROLES EST GÉRÉE PAR L'AIRE DE BROCA

JEU DE PRONONCIATION

Lisez et répétez rapidement ces phrases sans vous tromper :

Les chaussettes de l'archiduchesse sont-elles sèches et archi-sèches ?

Un chasseur sachant chasser doit savoir chasser sans son chien.

Je troque trente trucs turcs contre treize textes tchèques.

Seize jacinthes sèchent dans seize sachets secs.

Six slips chics, six chics slips.

Si six scies scient six saucissons,
six cent six scies scient six cent six saucissons.

EXPLICATION

La production de paroles et la prononciation de phrases sont gérées par l'aire de Broca, associée au gyrus supramarginal pour le traitement phonologique. Les « virelangues » ou « casse-langues » proposés ci-dessus sont des phrases dont la prononciation et, parfois, la compréhension sont difficiles. Elles sont utilisées pour améliorer la diction des jeunes acteurs.

PRONONCIATION D'UN MOT ÉCRIT

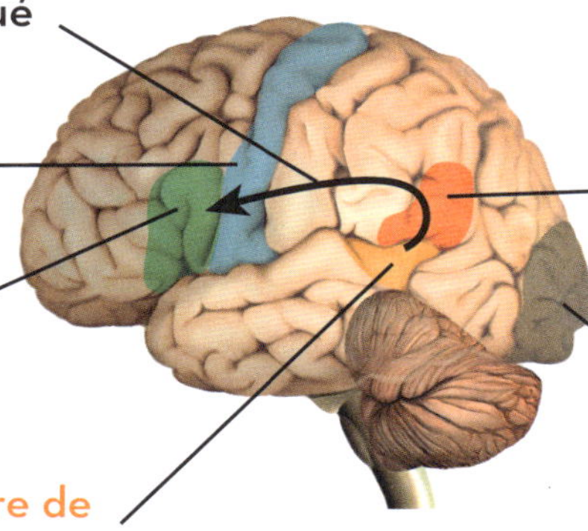

NOUS COMMUNIQUONS AUSSI AVEC UN LANGAGE NON VERBAL

JEU DES AMBASSADEURS

Ce jeu nécessite de constituer deux équipes. Chacun sera à son tour l'ambassadeur de son équipe. L'ambassadeur doit faire découvrir un mot aux membres de son équipe dans le minimum de temps possible sans ouvrir la bouche. On peut choisir, comme moyen, le dessin ou le mime. On peut limiter le temps disponible à 1 ou 2 minutes.

EXPLICATION

Si on connaît les métiers ou les situations mimés, donc si notre cerveau possède en mémoire les gestes ou les mimiques observés, il les reconnaît assez rapidement. Entre deux personnes, le langage non verbal représente 80 % de la communication et est en grande partie inconscient. Donc nombre de nos décisions rapides émanent de notre inconscient.

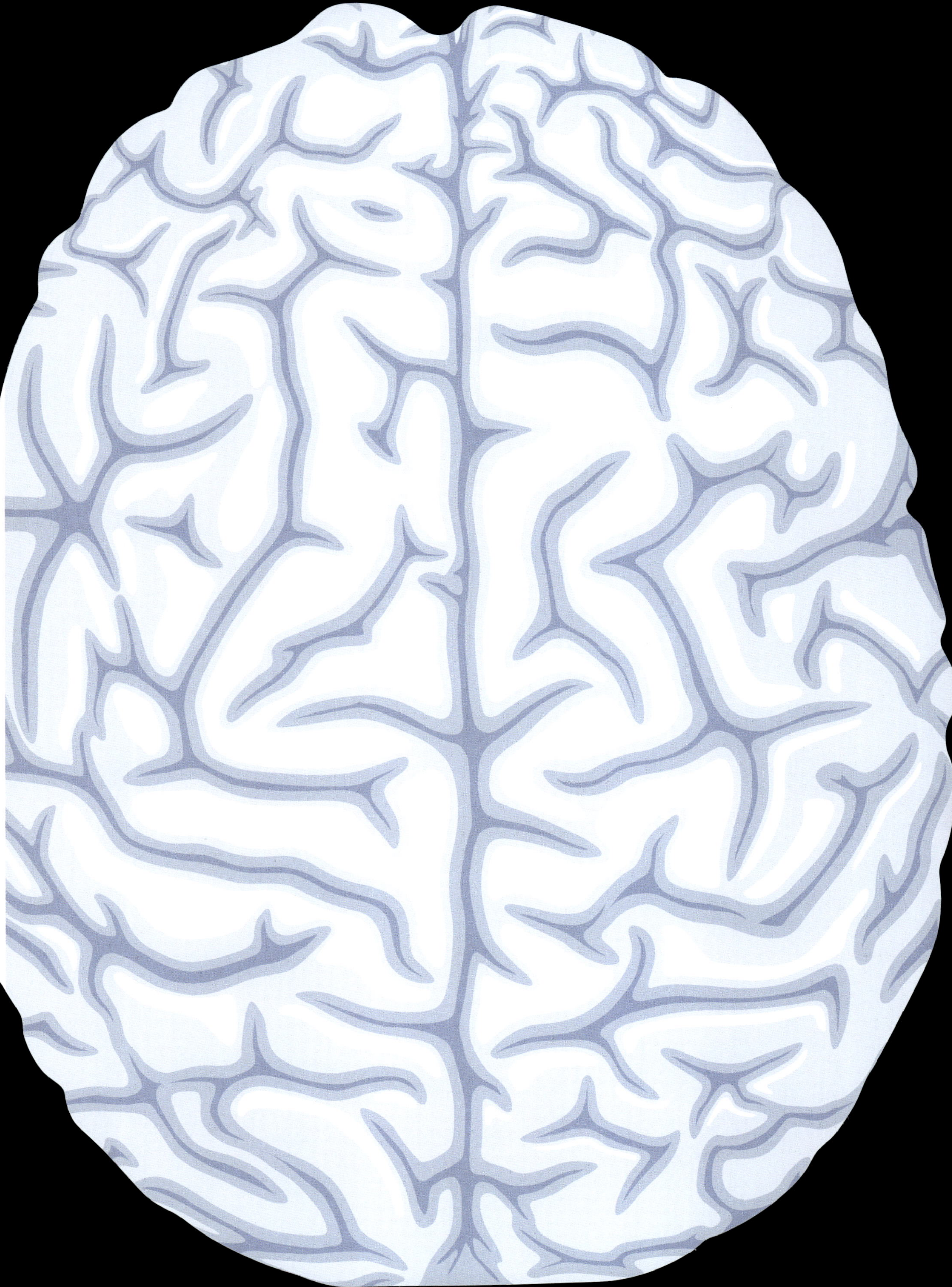

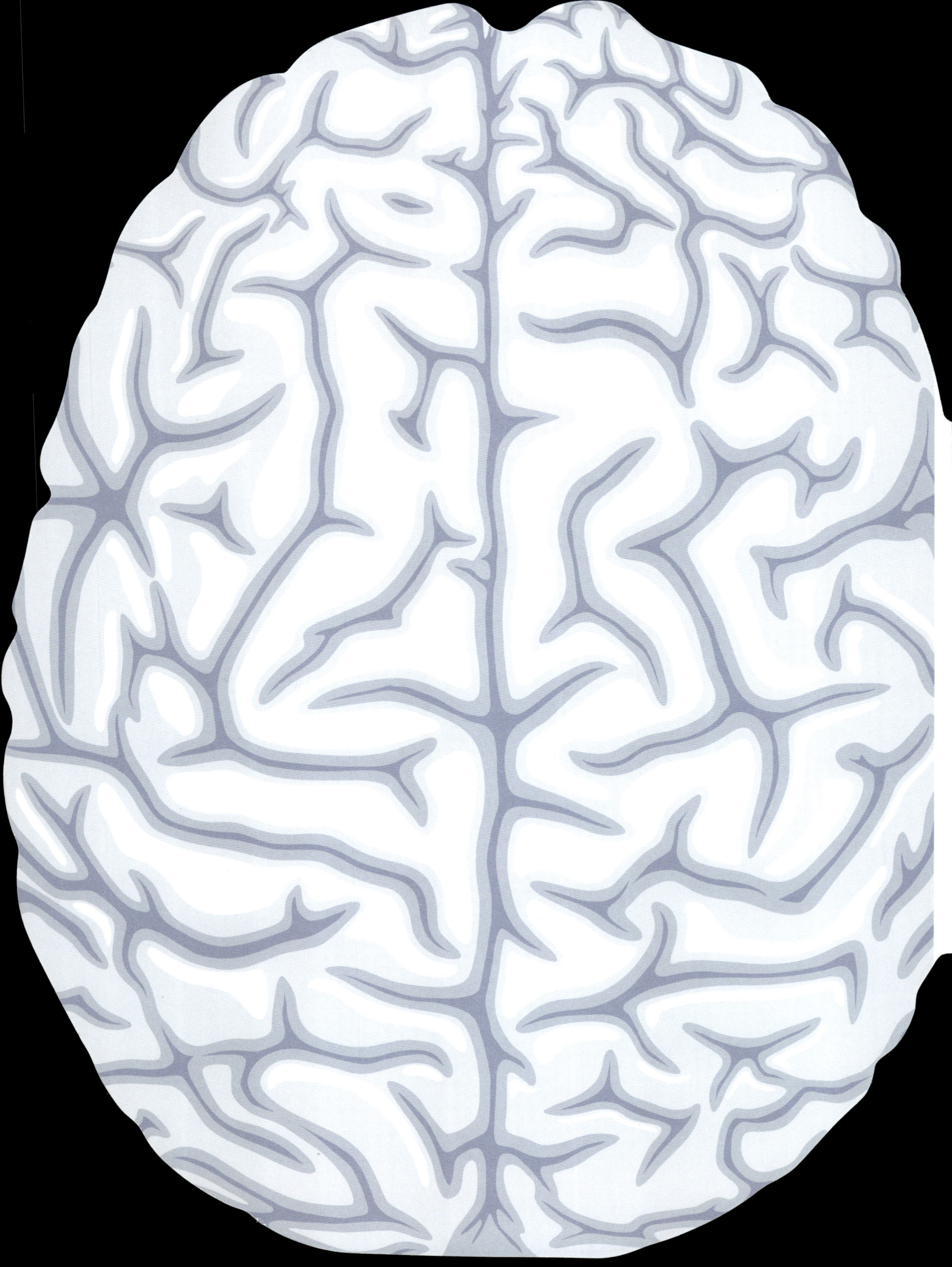

CRÉDITS ICONOGRAHIQUES

Visuel de couverture et des gardes : © Shutterstock/Soul wind

p. 4 : © Shutterstock/Soul wind

p. 7 : © Shutterstock/Athanasia Nomikou

p. 10 : © Shutterstock/cbpix et Konstanttin

p. 14 : © Shutterstock/Soul wind

p. 15 : © dessin Michel Saemann et François Poulain - Archives Larousse

p. 22 (b) et 23 : © Keytoken/Fotolia.com

p. 27 : © dessin Denis Horvath - Archives Larousse

p. 28 : © Fabrice Del Rio Ruiz

p. 30 à 32 : © Fabrice Del Rio Ruiz

p. 33, 37 et 41 : © dessin Michel Saemann - Archives Larousse

p. 45 : © dessin Denis Horvath - Archives Larousse

p. 48 : © dessin Michel Saemann - Archives Larousse

p. 50 : © Fabrice Del Rio Ruiz

p. 51 : © dessin Michel Saemann - Archives Larousse

p. 57 : © Fabrice Del Rio Ruiz

p. 58 (b) : © pico/Fotolia.com

p. 59 (h) : © Shutterstock/imagewriter

p. 65 (b) : © Shutterstock/g-stockstudio

p. 67 : © XYZproject/Fotolia.com

p. 68 : © Shutterstock/Pixotico

p. 69 : © dessin Michel Saemann - Archives Larousse

p. 77 et 78 : © photos Jack Gichard

p. 83 et 84 : © Shutterstock/PandaWild

p. 95 : © dessin Michel Saemann - Archives Larousse

p. 101 : © Shutterstock/PandaWild

p. 113 et 114 : © Fabrice Del Rio Ruiz

p. 115 : © Servier Medical Art

p. 122 : © photo Jack Guichard

p. 130 : © Shutterstock/Soul wind

p. 131, 139 et 140 : © dessin Michel Saemann - Archives Larousse

p. 141 et 142 : © Shutterstock/Soul wind

Direction de la publication
Sophie Descours

Édition
Françoise Mathay

Couverture et conception graphique
Maeva Lebegue

Mise en pages
Fabrice Del Rio Ruiz

Fabrication
Jenny Vallée

Achevé d'imprimer en Chine par Toppan
Dépôt légal : août 2017
319540/01 – 11035165 – mai 2017

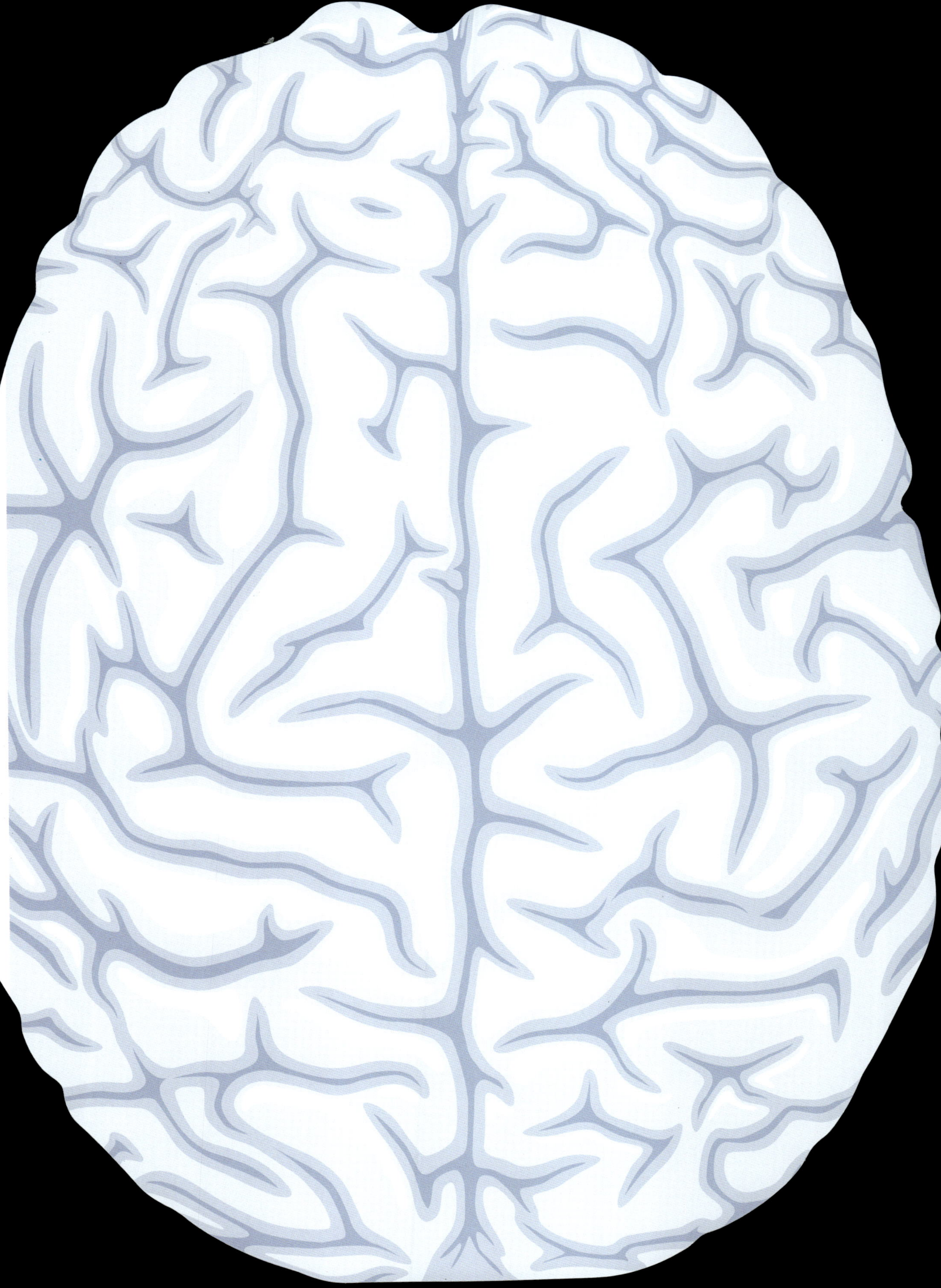